理科授業が おもしろい先生が 実はやっている 授業づくり 56のアイデア

吉金佳能
衛藤　巧
田中　翔
編著

明治図書

はじめに

　ふと思う。

　毎年のように行われている，好きな教科調査において，理科が上位にランキングされないのは，なぜだろう？

　仮に私の学校で同様のアンケートをすれば，きっと理科が1位になると思う。自慢でもなんでもなく，事実としてたぶんそうなる。

　私が人気取りをしているわけでもなく，私の人間性が素晴らしいわけでもありません。話も上手くないです。おまけに字も下手…。

　それは，シンプルに授業がおもしろいからだと思っています。

　理科における学びは，楽しさよりも，おもしろさが重要です。
　探究心を刺激するのは，楽しさではなく，おもしろさだからです。
　おもしろいこそが，学びの原点であり原動力となります。

　理科の授業には，おもしろくするコツがあります。

　もちろん，理科の授業にある程度の専門性が求められることは，否定しません。教師の勘と経験も必要な教科です。

しかし，それだけではおもしろい理科の授業はつくれません。

　専門性を高めると同時に，「授業づくり」という観点をアップデートしていくことが重要です。

　本書は，「おもしろさ」をキーワードに，小学校理科における授業づくりのポイントを8カテゴリー，56のアイデアにまとめました。

第1章　仕掛け　－「好奇心」を高める教師の仕掛けアイデア7
第2章　観　察　－学びの核となる「観察力」を高めるアイデア7
第3章　スキル　－理科の見方・考え方を伸ばすアイデア7
第4章　ICT　－学びを深めるICT活用アイデア7
第5章　授業開き・授業参観　－1授業時間で勝負！珠玉のアイデア7
第6章　アウトプット
　　　　－授業デザインをアップデート！理科×アウトプットアイデア7
第7章　個別最適な学び　－学習の個性化を実現するアイデア7
第8章　探　究　－探究的な学びをつくるアイデア7

　理科の書籍の多くを占める「教材」や「ネタ」を最小限にし，あくまでも「授業づくり」という切り口にこだわりました。掲載した事例は具体性のあるものですが，どれも他の単元や学習で応用できるものです。

　授業づくりのポイントを学ぶことで，明日の理科授業をもっとおもしろく，より本質に迫る学びへとアップデートすることができます。

　本書が，少しでも，皆様の日々の理科授業を「おもしろく」するきっかけとなれば，こんなに嬉しいことはありません。

　　　　　　　　　　　　　　　　　　　　　　　　　　　　吉金　佳能

contents

はじめに　2

第1章　仕掛け
「好奇心」を高める教師の仕掛けアイデア7

01　ストーリーテリングで惹き込む ……………………………… 10
02　映像で最初の一歩を彩る単元導入 …………………………… 12
03　百聞は一見に如かず！ ………………………………………… 14
04　実験準備はスーパーマーケット方式で ……………………… 16
05　つながる，学ぶ「Rikastagram」 …………………………… 18
06　理科室前展示で授業をもっとおもしろく …………………… 20
07　気づきを引き出す理科室（教室）環境づくり ……………… 22
　　COLUMN①　エッ！とおどろく理科プレゼン ……………… 24

第2章　観察
学びの核となる「観察力」を高めるアイデア7

08　ネイチャージャーナリング …………………………………… 26
09　自由実験で気づきを発散する ………………………………… 28
10　あえて名前を伏せる …………………………………………… 30

11	身近な教材で興味・関心を高める	32
12	捨てる神あれば拾う神あり？	34
13	観察記録は撮影×手描きが最強!?	36
14	困ったときの３Ｄコンテンツ	38
	COLUMN ②　身近な pH 指示薬, なに使う？	40

第3章　スキル
理科の見方・考え方を伸ばすアイデア7

15	フローチャートで見通しを持つ	42
16	子どもの前にある情報を全てとする	44
17	観察対象を増やすことで見方を働かせる	46
18	双方向からの関係付け	48
19	理科の見方を「絵合わせパズル」を作って育む！	50
20	発表会で批判的思考力を高める	52
21	正しい実験の仕方を目指して	54
	COLUMN ③　自然体験・自然観察のすすめ	56

第4章　ICT
学びを深める ICT 活用アイデア7

22	クラウド活用で授業を変える！	58

23	写真や動画をクラスの共有財産にする	60
24	「PhET（フェット）」でバーチャル実験！	62
25	気象衛星データの活用	64
26	星空観察アプリを使おう	66
27	授業にSNSを！Padletの活用	68
28	Kahoot!で楽しく知識定着！	70
	COLUMN ④　デジタルで加速する科学を意識する	72

第5章　授業開き・授業参観
1授業時間で勝負！珠玉のアイデア7

29	授業開きの鉄板「サイエンスビンゴ」	74
30	紙コップで学ぶ理科の考え方	76
31	これはどこを食べている？	78
32	飽和食塩水に砂糖は溶ける!?	80
33	理科室を博物館化する！	82
34	パフォーマンス課題「ものと重さ」	84
35	パフォーマンス課題「砂糖水でカラフルタワー」	86
	COLUMN ⑤　保護者参観を保護者参加に	88

第6章 アウトプット
理科における学びのアウトプットアイデア7

36　最強のアウトプット「レポート」……………………90
37　新種の昆虫，つくりました……………………92
38　プチプレゼンで気軽にアウトプット……………………94
39　GIGA時代の新アウトプット「映像制作」……………………96
40　オリジナル図鑑をつくろう！……………………98
41　4コマでまとめよう！……………………100
42　単元のまとめを1枚（OPS）に！……………………102
　　COLUMN⑥　理科におけるアウトプットは何が最適か？……………………104

第7章 個別最適な学び
学習の個性化を実現するアイデア7

43　とりあえず，やってみよう！……………………106
44　個別の学びを実現する100均活用！……………………108
45　チョコっとペア・グループワーク……………………110
46　グループ活動をアップデート……………………112
47　問題を見いだす……………………114
48　自分で選ぶ，自分で決める……………………116
49　振り返り指導……………………118
　　COLUMN⑦　ギフテッド教育を考える……………………120

7

第❽章　探究
探究的な学びをつくるアイデア7

50	探究学習入門編 ……………………………………………… 122
51	出口の問いのつくり方 …………………………………… 124
52	エネルギー領域を同じ教材で学ぶ ……………………… 126
53	探究的な学びのサイクルの回し方 ……………………… 128
54	サイエンスショープロジェクト ………………………… 130
55	教科横断でBIGなプロジェクトを創る！ ……………… 132
56	理科×well-being ………………………………………… 134
	COLUMN ⑧　紙とデジタルの使い分け ………………… 136

おわりに　139
執筆者一覧　140

第1章 仕掛け

「好奇心」を高める
教師の仕掛けアイデア7

　学びの原動力となるのは，子ども1人1人が持つ「知的好奇心」です。好奇心は子どもがもともと持っているものであり，一方で伸ばすことのできるスキルだという捉えもできます。
　本章では，子どもの知的好奇心を高める仕掛けの7つのアイデアを紹介します。
　子どもの好奇心を広げ，高めることで学びに深まりが生まれます。

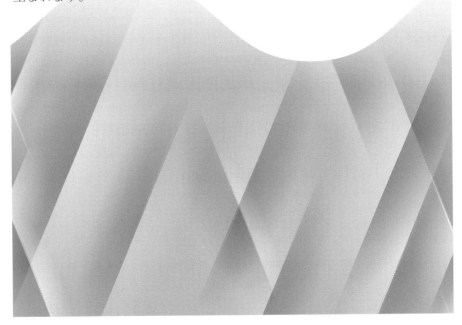

01 ストーリーテリングで惹き込む

 導入の工夫として用いられるストーリーテリング。
授業の中で機能しやすくなるポイントについて説明します。

導入として物語を語る

　子ども達が授業の中で本時の学習事項について，好奇心を持って前のめりになって考えを巡らせる…。これは1つの理想的な学習者の姿であると思います。ここでは，子ども達の好奇心を刺激し，より学習事項に惹き込んでいくような導入としてストーリーテリングを紹介します。

　ストーリーテリングとは物語を語ることですが，物語の持つ力は非常に大きいです。子ども達は物語が大好きですし，うまく話に入り込めればその世界の中で次々と考えを巡らせていけます。ただし，理科の授業で導入として扱うには，最低限押さえるべきポイントがあります。

① 内容に考えるべき本時の学習事項が含まれていること
② 現実の世界の出来事として想像しやすいこと（身近であること）
③ 多少の意外性が含まれている事（好奇心を刺激しやすいこと）

　①は当然として，②の現実的な身近さがないと子ども達は現象について具体的に考えを巡らせにくいです。そして③の意外性があることで，子ども達の好奇心が刺激され，より前のめりに考え始めることが出来ます。

導入に使う物語はどの様に準備するか

A　既存の昔話やストーリーを使う

本時に合わせて，多少表現や物語の流れを調整するのも良いでしょう。

例えば，5年「流れる水の働き」の導入で「桃太郎」の冒頭から，お婆さんが洗濯をしていたのは川のカーブの内か外かを考える活動が出来ます。子ども達がよく知る話のワンシーンを使うのが効果的です。

B　自分で物語をつくる

自分で話をつくることもできます。例えば，6年「人体」において，消化管の働きを考える時に，次のような導入をすることがあります。

「あるところに，お行儀悪く寝そべっておやつを食べている子がいました。その子はうつぶせで食べたり，時には仰向けで食べたりしているそうです。」

この話をすると教室の中は賑やかになります。寝そべって食べたことがある子がそれなりの割合いるからです。ここで「どうして寝そべって食べても食べ物は胃に行くのだろう」と問いかけると一気にその意外性に気づき，子ども達が自分事として現象について考えはじめます。

応用・プラス❶アイデア

「差異点・共通点を見いだす」「条件を揃える」など，特にその授業の中で働かせてほしい理科の見方・考え方があれば，それを意識しやすいように導入の物語を意図的に組むことで更に授業が機能しやすくなるでしょう。

導入として物語を語ることで，子どもを惹き付けつつスムーズな授業展開へと繋げることが出来ます。使う物語は「身近さ」かつ「多少の意外性」を持っていることがポイントです。

（田中　翔）

02 映像で最初の一歩を彩る単元導入

 「身近な事象」・「ドラマ仕立て」の映像で見ることで、子どもたちの期待感が向上。発展的な内容にも興味がわく！

教師が日頃撮りためた映像を教材にする

　単元導入において私が最も大切にしていることは「いかに子どもたちに学習内容への期待感を持たせるか」ということです。そのための効果的な手法の1つとして映像教材の活用を実践しています。

　近年のデジタル機器の進歩により、私達のスマートフォンでも鮮明な映像を撮ることが容易になりました。各単元の教材も、教科書に載っている写真だけでなく、私たち教師や子どもたちが撮りためたオリジナルの映像（静止画や動画）も大いに活用できます。例えば、3年生の昆虫の単元にて、学校の校庭を飛ぶ蝶を撮影しておきます。導入で「この間、校庭でこんな虫を見ましたよ。」と映像を見せると、子どもたちは「私も見たことある！」や「違う模様の蝶を見かけたことがある！」と、自身の体験とひもづけをします。さらに、映像をスローにしたり、巻き戻して再生したりすることで、模様や飛び方、止まった花等に着目し、新たな「なぜ？」を引き出すことができます。旅先などで撮った映像を活用するのも時には効果的です。

図：オナガシジミの映像

第1章 仕掛け「好奇心」を高める教師の仕掛けアイデア7

ストーリーテリングと体験を結びつける

　映像教材の代表的なものとして皆さんご存知の NHK for School があります。特に，「ふしぎがいっぱい」は単元導入に適しています。

　3年生の「かげと太陽」における導入事例を紹介します。映像を通して，虫にも人にもビルにもかげがあることに気づかされます。子ども達は日頃の生活の中でのかげと太陽の関係から「虫にも小さなかげがあるの？」や「ビルのかげは時間とともに動くの？」という疑問を発します。

　これらの映像から気づいたことは記憶に残りやすく，子ども達の脳裏に残る映像がリンクして子どもたちの興味・期待が一気に増幅していきます。

　10分間の映像を見た後は校庭に出て「かげふみおに」を行います。子ども達は「太陽・自分・かげ」の関係に体験を持って気づき始め，どうすると鬼にかげを踏まれないか考えていきます。

　「ふしぎがいっぱい」はあるテーマや疑問を軸に，物語仕立てで展開されます。「視覚的な刺激」に加え，「ストーリーテリング」という観点からも記憶に残りやすいです。さらに体験を映像と結びつけることでより効果的な導入となります。

応用・プラス❶アイデア

　単元のまとめに同じ手法を用いることで単元の習熟度を測ったり，学習目的が明確になったりします。NHK スペシャルやブラタモリはより発展的な内容でも導入として有効なシリーズで，さまざまな単元に使えます。

ただ単に見せれば良いというものではありません。どの発達段階の子どもたちが，どの映像教材を，どのタイミングで，どのような声かけと共に視聴するか。そこが教師の腕の見せどころです。

（麥島　雄太）

03 百聞は一見に如かず！

理科の授業は，やっぱり実物が一番！
実は，教材はスーパーなどでも買えるのです。

物が持つ力

　理科という教科は，教科書を見ると教える知識自体は実は多くありません。でも，言葉だけでは知識が身につくことはありません。深い理解をするために，教具を用いるという手法があります。物は非常に雄弁です。時に，教師が語る百の言葉よりも力を発揮することがあります。
　ただ，「いったいどんなものを用意すれば良いのだろう？」「いったいどこでそんな教具を用意するのだろう？」ということがネックになります。実は，みなさんの身近にあるスーパーマーケットにも教具はたくさんあります。

子持ちシシャモの解剖

　今回は，子持ちシシャモの解剖を紹介します。子どもたちの好奇心をそそるポイントを1つ挙げると，科学者になった気持ちで実験に取り組めるように場を整えることです。例えば「今日は実験をします。」と伝えるのではなく，あえて「今日は解剖をします。」と伝えたり，いつも実験で使うハサミではなく，あえて解剖用のハサミや分離針を用意したりすることで，子どもたちは科学者になったような気分でいつもより前向きに実験に取り組むことが期待できます。
　「子持ちシシャモの卵の数を数えてみましょう。」と指示を出した上で子持

第1章 仕掛け「好奇心」を高める教師の仕掛けアイデア7

ちシシャモの解剖をすると,子どもたちはその卵の数にびっくりすること間違いなしです。「先生!多すぎて数えられません!」という声は,身をもって卵の多さを感じられた証拠です。

そこから6年生の「生物と環境」の単元でそれぞれの生き物がとる生存戦略について学ぶことで,実感を伴った学習活動になります。

シシャモの解剖の様子

応用・プラス❶アイデア

　子どもたちの好奇心がそそられる,実感を伴った学習活動にすることができると述べましたが,物を用意することの効果はそれだけではありません。

　教師がスーパーを歩いている間にも「もしかして,これってあの単元の勉強と関わりがあるんじゃないかな?」と考えることで,子どもと近い目線で教材理解ができるという利点もあります。教材研究を進める目を養うことにもつながります。

ICT機器が進歩し,多くをパソコン上で行える時代になりました。そんな中でも,実物からしか学べないことがあります。
それを学び取る子どもたちの力はすさまじいです。

(小阪　智之)

04 実験準備はスーパーマーケット方式で

子どもの主体性を引き出す，学習環境の工夫について，提案します！

実験準備からはじめよう！

　授業内容だけでなく，学習環境を工夫することによって，子どもの主体性を引き出すことができます。例えば，「実験準備」の場面。1グループ分の「実験セット」を用意しておくこともあるかと思います。それはそれで，効率的に実験を進めることにつながります。しかし，それをスーパーマーケットのように，ビーカーはビーカーで並べて置き，ガラス棒はガラス棒でまとめて置いておくような環境をつくるのはどうでしょうか。

　例えば，4年「金属，水，空気と温度」では，金属，水，空気のそれぞれについて実験を行うことができます。まず，金属の温まり方について調べる方法を考える際には，できる限り，子どもたちにとって身近で親しみやすいもので実験を行うことが理想です。

実験道具を自分で準備

何もない状態から実験方法を考え出すことは難しいので，実験道具として使っても良いものの中に，金属板や蝋だけでなく，フライパンやバターなどを加えておくことで，日常生活とリンクさせて考えだす子どもも出てきます。

　ただし，子どもに委ねた実験を行う際には，数グループずつ行う，教師の目の行き届く範囲で行うなどの安全管理の徹底も必要となります。

次に水の温まり方の実験です。ここでは，身のまわりにあるものなどを使っても良いこととします。そうすると，消しゴムのカスやチョークの粉などのアイデアが出されます。また，実験道具として，大きさの違うビーカーや，食品である味噌などを並べておくことで，子どもたちが自ら選び，実験に取り掛かれるようにしておきます。もちろん，最終的にはサーモインクなども使い，共通認識として水がどのように温まるのかについての演示実験も必要に応じて行います。

 このように，スーパーマーケットで商品を選ぶように，実験道具を選びながら実験方法を考え，「自分で選んで考えた」という過程を経ることが，子どもの主体性の高まりにつながっていくのです。グループで相談する様子も見られ，対話的な学びも支援します。

応用・プラス❶アイデア

 上記単元以外にも，子どもたちが自ら取捨選択できる実験環境は非常に大切です。また，指導者が実験を成功に導こうとするのではなく，実験が思うようにいかない状況を予測しておくことも大切です。どうして上手くいかなかったのか，その原因を考えることも，理科の力を高めることにつながります。

理科は，結果だけでなく，その過程が何より大切となります。ちょっとした工夫をすることで，子どもの主体性を引き出すことができます。ただし，安全の担保は第一優先です。

（髙﨑　裕太）

【参考資料】
吉金佳能（2023）『小学校理科　探究的な学びのつくり方』明治図書出版
文部科学省（2017）『小学校学習指導要領（平成29年告示）解説理科編』

05 つながる,学ぶ「Rikastagram」

 子どもたちは授業外でも様々な気づきや発見をしています。そうした体験を共有し合うことで,理科の興味・関心を高めます。

まるでSNSのように共有し合う,それがRikastagram!

　Instagram風のフォーマットを用いて,子どもたちが日常生活の中で見つけた理科に関する事象をまとめ,互いに共有し合う活動がRikastagram(リカスタグラム)です。旅行先で出会った虫や植物,きれいな星空,動物園や水族館での発見など,多様な体験を元に子どもたちは作成します。作成されたRikastagramは,ロイロノートの提出箱で共有しているので、いつでもどこでも見ることができます。

　本実践は年間を通して,子どもたちの科学領域に対する興味・関心を育むとともに,日常を科学の目で捉えられるようにすることを目的としています。

掲示したRikastagram

Rikastagramフォーマット

みんなに紹介したい画像や動画を用意して制作しよう!

　Rikastagramの作成手順は次の通りです。

第1章 仕掛け「好奇心」を高める教師の仕掛けアイデア7

①アイコンとペンネームを上部に入れる。
②紹介したい画像や動画を中央の枠に入れる。
③「いいね数」を自分で決めて記入する。
④画像や動画を説明する文章を黒字で記入する。
⑤ハッシュタグ（#）を下部に青字で記入する。

Rikastagram の投稿例

本実践を通して，子どもたちは普段気にも留めなかった足元の植物に目を見張るようになりました。「リカスタに載せられるものないかなあ」そんな思いで世界を見渡す子どもたちの目は，まさに「科学の目」になっているのです。

応用・プラス❶アイデア

ロイロノートではなく Padlet に投稿すれば，友だちの投稿にいいねやコメントができるようになり，より活発な交流が可能となります。

「いつでもどこでも共有できる」という ICT ならではの強みを生かして日常と授業を繋げていきましょう。日常の中には理科の好奇心を育む体験がたくさんあります。

（山田　将太）

【参考資料】山田将太（2024）「授業の枠を飛び越える子どもの発見を共有し合う理科の活動」『理科の教育2024年３月号』東洋館出版社

19

06 理科室前展示で授業をもっとおもしろく

 理科の展示は「問いを生み出し」「問いを解決する」場と,意識を変えてみましょう！

「問いを生み出す」場として展示を活用する

　理科の授業は子どもたちの「ハテナ」から始まります。その多くは生活経験が根拠になります。しかし,生活経験は個人により異なるため,1人の問いがクラスの問いになるわけではありません。そこで,子ども達が等しく科学的な体験ができるよう,展示で授業の種を蒔いておくのです。

3年生「じしゃくのふしぎ」・「電気の通り道」

　理科室前の廊下に,磁石の性質と電気の通り道について簡単に実験ができるような場を用意しました。
　これは休み時間に「どのようなものが電気を通すのか？」「どのようなものが磁石に引き付けられるのか？」などの「ハテナ」を生み出すためのしかけです。この単元では,磁石と電気の性質の差異点や共通点に注目してもらいたいという願いから,異なる2つの実験を展示していますが,他にも様々な展示の工夫が考えられそうです。

実際の展示の様子

第1章 仕掛け 「好奇心」を高める教師の仕掛けアイデア7

「問いを解決する」場として展示を活用する

　理科の授業をしていると多くの教師がぶつかる問題があります。それは子どもたちの発見したすべての問いを大切にしたいと思う一方で、その問いをすべて授業で取り上げることはできないことです。そのような時こそ展示の出番です。

　5年生「ものの溶け方」において、海水を教材に授業をしていると、子どもから「どうして海は青いのだろう？」といった疑問があがりました。時数の問題もあり、その問いについて詳しく授業で取り上げることが出来なかったので、海がなぜ青いのかわかるような資料や装置を置き、後日子どもたちに紹介しました。

実際の展示の様子
プラスチックボトルに水を入れ、色々な方向から覗くことができるよう展示します

（展示協力：笹井　伸子）

応用・プラス❶アイデア

　展示と導入の結びつけから、問いを解決する実験の準備を教師だけで全てこなすことはかなりの労力がかかると思います。私の学校では理科支援員さんにもお手伝いいただきながら展示を作っています。理科に携わるメンバーでチームとなり展示を充実させてみるのも良いでしょう。

理科は授業の中だけで学ぶものではありません。子どもの問いが授業の中で完結することは素晴らしいことですが、多くの場合そうはいきません。そのときに活躍するのが「展示」なのです。

（林　聖也）

【参考資料】滝川洋二ほか（2020）『小学館図鑑NEO　科学の実験』小学館

07 気づきを引き出す理科室（教室）環境づくり

子どもたちの実態に合わせた授業導入の在り方，理科室（教室）内の環境設定について提案します。

子どもが自ら不思議や疑問を見つけられる環境づくり

　理科の学習サイクルのスタートの「自然事象への気づき」の場面。自然事象を観察することによって，問題を見いだすことが求められます。
　その支援の1つとして，気づきを増やす環境を教師の手でつくり出します。
　具体的には理科室や教室の中に，現在行っている単元に関わるものと，次の単元に関わるものの両方を展示，掲示しておきます。
　そうすることで，子どもたちは自ら疑問を持ったり，不思議を発見したりしていきます。そして，その気づきを授業へとつなげていきます。

授業の先を見越した環境設定

　例えば5年「植物の発芽と成長」では，バーミキュライトを用いた実験と同時に，パウチ容器を使った実験も同時に行います。パウチ容器は理科室（教室）の壁に貼り付けることで，子どもたちは理科の授業以外の時間にも，発芽の様子を観察できます。さらに発芽の学習が終わった後は，そのまま成長の実験にも活用することができます。意外にも，肥料を入れずに水だけで成長させたインゲンマメが枯れずに1学期間を過ごすものも出てきます。
　どうして，水だけで植物が青々と3ヶ月も過ごせたのか。この疑問の種はきっと6年「植物の養分と水の通り道」での導入に活用できることでしょう。

第1章 仕掛け 「好奇心」を高める教師の仕掛けアイデア7

さらに5年「動物の誕生」でメダカを扱う場合には，理科室（教室）に簡易の水槽を設置します。ただ設置するだけでなく，扱い方の指導等はもちろんのこと，そこでメダカの雄雌のちがい，卵があるのかどうかなど，子どもたちが意欲的に観察できるキーワードを先に伝えておくことが大切です。

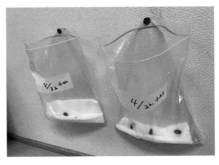

パウチ容器を使った発芽実験

　上記以外にも，理科室や教室内の環境設定を前もって進めていくことで，子どもたちの既知の知識が底上げされたり，全体のバラツキを小さくしたりする効果も期待できます。また，導入や発問を子どもたちの飛び交う言葉を活用することで，子どもたちにとってより身近な課題として授業に進むことが期待されます。

応用・プラス❶アイデア

　5年生「天気の変化」では，天気図を並べて掲示しておくのも良いでしょう。「エネルギー」，「粒子」を柱とした内容については，事前に子どもたちが自ら操作したり，観察したりすることが難しいものもあります。そういった単元では特に演示実験や，単元の内容に関わる子どもの生活実態を教師側が把握しておくことが大切です。

mindset!

環境設定を，見通しを持って行う。
1つ先の学習を見通して，準備を進めておくことで，より充実した学びがつくれると感じています。

（髙﨑　裕太）

COLUMN 1

エッ！とおどろく理科プレゼン

　プレゼンテーションなどの言語活動を通して，子どもたちのコミュニケーション能力の育成を図りたい－。

　もし，そのような考えをお持ちであれば，ぜひ理科でチャレンジされてみてはいかがでしょうか。理科はプレゼンをするのにピッタリの教科です。

　なぜなら，子どもたちの興味・関心を刺激する内容が豊富に存在するからです。私の授業では，冒頭に1人2分程度のプレゼンを男女1人ずつ順番に行うようにしています。その名も「エッ！とおどろく理科プレゼン」です。

　プレゼン内容は理科に関係のある内容であれば自由です。

　また，聞いている子どもたちが楽しく参加できるようにプレゼンの中にクイズを入れます。

　プレゼンのスライドはロイロノートの提出箱に予め提出しておき，教師用のタブレットで投影させます。ぜひ，冒頭の5分は「理科プレゼン」を！

猫のヒミツ

みなさんご存知のとおり、猫は前足が2本、後ろ足2本の四つ足の動物です。**では、指は何本あるか知っていますか？？**

① 前足も後ろ足も5本ずつ

② 前足は5本ずつ、後ろ足は4本ずつ

③ 前足は4本ずつ、後ろ足は5本ずつ

④ 前足も後ろ足も4本ずつ

答え　②前足は5本ずつ、後ろ足は4本ずつ

よく使用する前足は5本ずつですが、後ろ足は使用するひん度が少ないため、退化してなくなってしまい、4本ずつになったと言われています。では、実際に確認してみたのでご覧ください。

私の家の猫の指を確認した動画です。長毛種なので分かりにくかったと思いますが、前足にあった人間でいう親指のような位置にある指は、後ろ足にはないことがわかりました。

児童の作成したスライド

（山田　将太）

第2章 観察

学びの核となる「観察力」を高めるアイデア7

　「観察し，仮説を立て，実験し，考察する。科学の考え方を学べ」。NHKの番組「考えるカラス」のオープニングメッセージです。すべての理科学習は観察からはじまります。

　観察力とは，対象の特徴や構造，形態を明らかにしていく力，気づきの力です。その気づきのレベルを上げることが，観察力を高めるということです。

　観察力は高めることのできるスキルであり，観察力を高めることが，より豊かな理科学習につながります。

08 ネイチャージャーナリング

観察力を高めることは，理科の力を高めることです。
観察力を高めるポイントをお伝えします。

好奇心と観察力は高めることのできるスキル

　理科の学びは「観察」からはじまります。観察力を高めることは，理科の力を高めることと言っても過言ではありません。

　観察力とは，対象の特徴や構造，形態を明らかにしていく力，気づきの力です。『見て・考えて・描く自然探究ノート　ネイチャー・ジャーナリング』という書籍には，「好奇心と観察力は高めることのできるスキル」だと書かれています。その有効な手段が「ネイチャージャーナリング」です。簡単に言うと「絵」と「言葉」を使ってまとめていく自然観察法です。

　大切なことは，「どのようにまとめるか」ではなく「どのように観察するか」です。時間をかけて，五感を使って観察することで，観察力は高まっていきます。

　スケッチというのは，そのことが自然とできる大変優秀な方法なのだと気がつかされました。

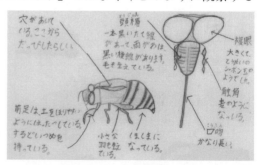

実際の子どもの成果物（3年生）

第2章 観察　学びの核となる「観察力」を高めるアイデア7

スケッチの別な形

時間をかけて，五感を使って観察する。観察力を伸ばすためのキーワードです。

私は，ノートへのスケッチをベースにしつつ，画像のようなデジタルを使った観察も行っています。対象を写真に撮って，それをなぞる形でスケッチしていく手法＊です。

①対象の絵，②言葉（気づき），③データ（大きさ等）の３つで表現していきます。この手法は，見て書くということが苦手な子にも有効な方法です。こちらの観察方法で気づきが増えたという姿もたくさん見ています。

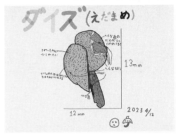

実際の子どもの成果物（3年生）

＊iPadで，「Keynote」や「Sketches」というアプリを使って行っています。

応用・プラス❶アイデア

観察について，一通りの方法が身についたら，どんな方法で表現するかを，子どもに任せてみるのも良いでしょう。こうした観察は，長期休暇中の課題としても有効です。

mindset!

デジタル時代だからこそ，じっくりと１つのものに向き合う時間を大切にしてください。写真に撮るよりも，その時その瞬間に感じたことを残すことの方が大きな価値があると信じています。

（吉金　佳能）

【参考資料】ジョン・ミューア・ロウズ（2022）『見て・考えて・描く自然探究ノート　ネイチャー・ジャーナリング』築地書館

09 自由実験で気づきを発散する

 自由実験で，個々の気づきを発散！
オープンな問いで始める単元計画を提案します。

オープンな問いから始まる授業

　3年「磁石の性質」の導入。子どもに「磁石セットを自由に使って構いません。最後に磁石について気づいたことをたくさん書いて提出しましょう。」と指示します。子ども達は，磁石を身の回りのものにくっつけたり，磁石で物を挟んだりします。一定時間，自由に実験した後，気づいたことを写真や動画に撮りロイロノートなどにまとめるように指示します。

　このとき，言葉や図で相手に伝わるように簡単な説明を書くよう，まとめのポイントを提示します。また，自由の中でも注目して欲しいことを机間指導の時に声かけします。こうすることで，単元内容に焦点化した観察の目を養うことができます。

　こうして集まったたくさんの子どもの気づきを全体で共有し，気づきを分類することで，課題を焦点化していきます。

　そして，提出されたものから意図的に数個，みんなの前で発表する

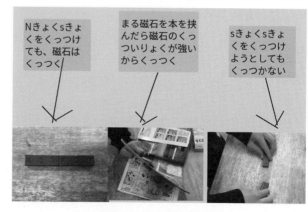

実際の子どもの成果物①

時間を取ります。そこから単元の学びに入ります。

ハプニング大歓迎！

「磁石を落として割れてしまいました。」とラッキー事件がありました。
「あら残念。でもラッキーだよ。それで実験続けてみたら？」とそのまま実験を促します。すると割れた磁石にも極ができることに気がつきます。このことに友だちは気づいていません。

気づきを発信する時，その子どもは生き生きしています。学習者中心の学びを展開できます。

> 玉磁石と、ぼう磁石を使うと、玉磁石と、ぼう磁石の間に指を置いても、ゆびを貫通してひっつく。ついでに、U型磁石が割れてしまったので、言います。
> 磁石は、割れてもひっつく。

実際の子どもの成果物②

応用・プラス❶アイデア

今回は「磁石の性質」で行いましたが，実験キット児童の手元にある他の場合にも応用することが可能です。導入や単元内に扱えなかった課題は，最終的に扱えなくても問題ありません。「今回は時間がなかったから，また調べて先生に教えて！」と声をかけるようにしましょう。

> 課題に対して観察できる眼を身につけられるようにするには，日頃から焦点化した観察をする練習が必要です。自由な実験の中でこそ，意識して観察できるよう声かけしていきたいものです。

（巽　匡佑）

【参考資料】大前暁政（2020）『なぜクラス中がどんどん理科を好きになるのか』教育出版

10 あえて名前を伏せる

 先行知識にとらわれず，対象をじっくりと観察してほしい。そんなときに有効な方法です。

「先に答えを知っている」子どもにとっての学びも確保する

　６年「水溶液の性質」を例に挙げます。塩酸をそのまま提供し，「塩酸にとけているものはどんなものか考えよう。」と発問すると，先行知識のある子どもは「塩化水素という気体がとけている。」と答えます。そこに考える機会はありませんし，周囲の子どもは興醒めです。

　先行知識を持つ子どもと，これから学ぶ子どもに，等しく考える機会を提供するのは簡単ではありません。

　「あえて教材の名前をふせる」のは，そんなときに有効な方法です。先ほどの場面において，名前を伏せて塩酸を提供し，「ナゾの水溶液がある。これはどんなものなのだろう？」と発問したら，いかがでしょうか。

　無色透明の水溶液は，見た目だけでは何とも判断できません。においをかいだり，じっくりと観察したりして，自分で考える必要が生じます。それでも「これが何なのか」断定はできず，「分からない」状態をクラス全員で共有するところから，学習を始めることになります。先行知識の有無に関わらず，同じ土俵で考えたり，話し合ったりすることができるのです。

見た目だけでは分からない

第2章 観察 学びの核となる「観察力」を高めるアイデア7

質的・実体的な見方を働かせる

　ある年の授業では，食塩水について「においがない，固体の食塩がとけたもの。」と5年の復習をした後，水溶液A（アンモニア水），水溶液B（炭酸水），水溶液C（塩酸）というように，名前を伏せて提供しました。

　すると，においの有無から「食塩水は，溶けている食塩が固体だからにおいがしないのであって，気体ならばにおいがするのではないか。」という意見が出ました。また，「蒸発しやすいものはにおいが強いのかもしれない。」「溶けているものの量のちがいでにおいの強さに差が出るのかも。」など，においの強さから，溶質について考える児童もいました。

　このように，あえて名前をふせることで，対象に対する先入観を取り払い，質的・実体的な見方を働かせた観察をすることができます。

応用・プラス❶アイデア

　さらに水溶液D（クエン酸水溶液など）を加え，「においがないから食塩のようなものが溶けている」と考えた後に加熱すると，1つだけこげが残り，より謎が深まります。塾などで得られる先行知識は，基本的に教科書に沿ったものなので，それを外れたものが混ざると，知識を持ち出すだけでは対応できず，消去法で考えることもできません。そこに，実物の観察やそれをもとにした思考の必要性が生じます。この方法は，5年「もののとけ方」や，植物を扱う単元などでも応用することができます。

ものの名前は，頭の中にある知識を引き出すタグになります。教師が安易にそれを渡さないことで，子どもは目の前にあるものからじっくりと考えることができます。

（壁谷　祐亮）

11 身近な教材で興味・関心を高める

普段見慣れないものよりも，児童の身近にあるものを使うことで「興味・関心」や「観察力」が高まります。

調味料や飲料を実験で使おう

6年「水溶液の性質」では，気体が溶けている液体として炭酸水が教科書に載っています。また，水溶液の液性を調べるときには水やレモン汁，お酢など調味料や飲料が使われることが多いと思います。

いつも実験で使っている薬品だけでなく，身の回りにある液体の今まで知らなかった科学的側面を知り，日常と科学の結びつきを感じる単元です。

液性を調べる際によく使われる飲料や調味料

今回紹介するのは，そのような科学的側面を知るためではなく，児童の興味関心や観察力を高めるための教材として，身近な液体を使うという授業づくりを3年「物と重さ」の授業を例に紹介します。

形を変えられて，体積をそろえられる

様々な液体を準備し，同じ体積に揃えます。このとき，タレびんに水とそれ以外の液体を数種類詰め，重さが変わるか予想させます。液体によっては

第2章 観察 学びの核となる「観察力」を高めるアイデア7

少量だと水とあまり重さが変わらないので、ペットボトル容器に詰めて行うと重さの差が分かりやすくなります。

写真は120mLのタレびんを使っています。重さを比べる種類や個数は児童の意見を取り入れても良いと思います。結果を見せて、重さが違う理由を考えさせると、同じ体積でも物が違うと重さが違うことに気がつきます。身近なものを教材とすることで子どもの興味・関心が高まります。また、身近なものを違う視点で捉え直すことにもなり、観察力を高めることにもつながります。

同じタレびんに入れる

タレびん＋中身の重さ
① 水　　　　　　　　④ お茶
　185.6g　　　　　　　188.4g
② さとう水　　　　　⑤ メープルシロップ
　188.3g　　　　　　　253.6g
③ みりん　　　　　　⑥ ごま油
　206.6g　　　　　　　173.2g

重さの結果

応用・プラス❶アイデア

　ごま油が水よりも軽いという事実に驚く子どもがいると思います。時間に余裕があれば、水と油が上下に分離する（ドレッシングのような）状態を見せると、水に比べて油が軽いということがより実感できます。

普段何気なくスーパーマーケットに並んでいるペットボトルが実は同じ体積でも重さが違うかもしれないと思うと、たくさん比較してみたくなります。

（武部　文香）

12 捨てる神あれば拾う神あり？

 子どもは観察を通して自然とのリアルな繋がりを感じます。新しい観察視点からの探究心を育む授業を提案します。

観察は「観る」だけにあらず～五感で自然を感じる～

　理科の醍醐味は，教科書や図鑑を超えた，五感で自然を感じる体験にあります。それがまさに「観察」という活動です。観察とは，じっと見つめるだけでなく，直接触ったり，動かしたり，時には匂いを嗅いだり，音を聞いたりすることで，自然の事物や現象をより深く理解し，探究するものです。顕微鏡を使って小さな生き物の息吹を覗き見たり，ルーペで昆虫の繊細な構造をじっくり観察したり，ピンセットで植物の微細な部分を探ったりと，観察には様々な方法があります。観察を通して得られる情報は，単なる知識ではなく，自然とのリアルな繋がりを感じさせてくれます。教科書だけでは感じられない，生き生きとした生命の営みなど，変化し続ける自然の姿を目の当たりにすることで，理科への興味関心はより高まっていくでしょう。

カイコガを教材とする意味

　チョウやガは，小学校３年生「昆虫と植物」における昆虫の学習において，有用な教材です。完全変態と呼ばれる成長過程を辿ることや体の部位がわかりやすいことで教科書に掲載されていることも多く，子ども達が興味関心を持ちや

カイコガがクワの葉を食べる様子

すいです。私の場合はカイコガを教材として扱います。子ども達の身近にいた生き物ではありませんが，絹糸に関してなど，人間生活との関わりを教材として取り扱うことで，子どもたちは昆虫に対する理解を深め，自然と共生することの大切さを学ぶことができます。

カイコガのフンは宝箱！

　カイコガの幼虫は観察中にしばしばフンをすることがあります。すると子ども達はフンの形や色等に関しての気づきを見いだし始めます。実はこのフンが教材となるのです。「フンを水に溶かしてルーペで見てみましょう。」と促します。すると，フンの正体はクワの葉が変化したものであることに気づくことができます。また，フンを見ることで食性が分かるだけでなく，健康状態や生活スタイルを知る手掛かりも得られます。カイコガのフンはまさに「宝箱」なのです。

（左）カイコガのフン，
（右）水で溶かしたフンのようす

応用・プラス❶アイデア

　他の昆虫のフンで試したり，家庭で飼育しているペットの抜け毛を観察し人毛と比較したりすることで，生き物を知る手掛かりを得ることができ，より広く学びを展開することができます。また，6年生の「人の体の原理と働き」の学習や給食をはじめとした食育にも展開することができます。

教材用の昆虫を飼育してもフンは捨ててしまいがちです。家庭のペットの排泄物や抜け毛などもそうでしょう。捨てる神あれば拾う神あり。さまざまな発想の観察視点を大切にしましょう。

（麥島　雄太）

13 観察記録は撮影×手描きが最強!?

 理科に不可欠な観察の活動。デジタルもうまく活用しながら実物の持つ情報にアプローチしてみましょう。

GIGAによって台頭してきた「撮影」という記録方法

　学校現場にGIGA端末が配備されて，観察記録の方法に「手描きスケッチ」に加え「撮影」という選択肢が加わりました。これについてはどちらが良いのかという議論がしばしば起こるのですが，私は「どちらも使う」のが良いと思っています。ここではどの様にして両方を使って記録をするのか提案したいと思います。

記録する目的

　具体的なシーンを書く前に，何のために観察したものを記録するのかを確認します。子どもの学びとしての目的は大きく分けて2つあると思います。1つ目は「学習内容を見返せるように」，2つ目は「記録を通して視点を定める」です。

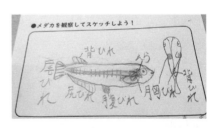

実物から「体の形とひれ」の情報だけを選んでいる

　実物は大変良い教材ですが，情報量が多く，何を視点として定めるのかが授業の中では重要になります。「記録」という行為を通して情報に注目して取捨選択し，自分は何を視ているのか明らかにしているのです。

36

第2章 観察 学びの核となる「観察力」を高めるアイデア7

撮影に手描きを行い，相互補完する

撮影にも，手描きにも以下の通りメリットとデメリットがあります。

	メリット	デメリット
撮影	・瞬時に行える ・情報量を多く残せる ・記録が技術に左右されにくい	・何に注目出来ていたのか分かりにくい
手描き	・何に注目出来ていたのか分かりやすい	・時間がかかる ・残せる情報量が少ない ・記録が技術に左右される

どちらも相反する一長一短があるのですが，これをお互いで補い合えれば良いのです。すなわち右図の様に「撮影した写真に書き込みを行う」のが互いのデメリットを相互補完するような記録方法ではないでしょうか。

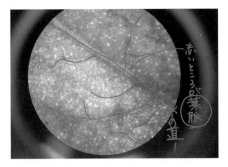

色水が通った葉脈に追記している様子

応用・プラス❶アイデア

もし端末上でうまく手描きが出来ない場合でも，テキストボックスと線を使うと追記が出来ます。やっていくと子ども達はみるみる表現を上達させます。

観察や記録で大切なのは，実物からの視覚情報を視点を定めて捉えることです。撮影と手描きを二項対立的に考えず，観察や記録の目的を達成するために相互補完する視点で考えましょう。

（田中　翔）

【参考資料】文部科学省（2011）『小学校理科の観察，実験の手引き』

14 困ったときの3Dコンテンツ

教材の用意が困難なときは，どうしても映像に頼りがち…。
3Dコンテンツを使ってみてはどうでしょう。

全員分の教材が用意できないことはままある

　特に生命・地球を扱う単元において，全員にじっくりと対象を観察させるだけの教材を確保できないことがあります。ビデオの視聴で何とか…というときに，3Dコンテンツを使用してみてはいかがでしょうか。

　ここでは，3Dモデルや360°映像をまとめて3Dコンテンツと称します。いずれも，利用者が自ら対象を回転させたり，拡大縮小できたりするものです。手軽なものとしては，ものすごい図鑑（NHK for School）が挙げられます。3Dコンテンツは，複製や配布が容易で，デジタル端末さえあればどこでも学習に用いることができます。

　また，利用者が自ら視点を変えられることから，映像や画像のように教師や撮影者の意図で視点が固定されることがありません。このため，「自分で観察をして，自分で気づいた。」という感覚をもって，その後の学習に繋げることができるという利点を持ちます。

アゲハの3Dモデル（ffish.asia）

　一方で，大きさの感覚やにおい，質感といった情報は得ることができません。基本的に，実物との併用が望ましい教材です。

３Ｄモデルを入手する

　Sketchfab という Web サイトで，３Ｄデジタル生物標本（３Ｄモデル）を，非営利型一般社団法人九州オープンユニバーシティさん（右 QR コード）が公開しています。

　USDZ 形式でダウンロードすれば，iPad のロイロノートの資料箱から再生し，AR（拡張現実）としてカメラの映像に合成することもできます。アゲハの成虫など，数に限りがある教材でも，３Ｄモデルなら１人１人に用意することができます。昆虫の飼育は何人かで行うことが多い分，個人で観察する時間を十分に確保することも大切なことです。

応用・プラス❶アイデア

　右 QR コードは，多摩川で撮影した360度映像を Youtube へアップし，Google Maps 上にまとめたものです。「流れる水のはたらき」など，校外学習を行うことが望ましいものの，それが困難な場合には，教材を自作するのも一つの手です。PC 等で再生すれば，その場に行ったつもりで観察を行い，自分で課題を見つけることができます。（モバイル端末での視聴には Youtube アプリが必要です。）

　360度映像は，校外学習に行った際に撮影し，学校に戻った後で見返しながら考えを共有するなど，さまざまな活用が考えられます。

　３Ｄコンテンツを活用することで，実物の用意が難しい教材も，１人１人が観察することができます。これだけでの授業は困難なので，実物教材の補助として考えましょう。

（壁谷　祐亮）

【参考資料】壁谷祐亮（2024）「１人１台の擬似体験　３Ｄコンテンツを観察してみよう！」『理科の教育2024年７月号』東洋館出版社

COLUMN 2

身近な pH 指示薬，なに使う？

　水溶液を酸性・中性・アルカリ性に仲間分けする指示薬として，教科書に掲載されている紫キャベツ液。ナス，ブルーベリー，マローブルーティー，紫芋パウダーなどが紹介されることもありますが，実際には何を使っていますか？

　「映え」という言葉が世間を賑わせた2017年にSNSで見かけた，青いりんごジャム。その青さの秘密を調べて辿り着いたのが，バタフライピーというハーブティーでした。目が醒めるような青色が美しく，水で簡単に抽出できて，時間が経っても変色しないという特長があり，授業で扱っています。レモン汁やジャムなどを混ぜて楽しく飲めるという点で，子どもたちにも好評。中性で青色を示し，変色域が紫キャベツとは異なるので，その部分は留意して扱う必要があるでしょう。

　指示薬になり得るものは他にもたくさんあります。紫キャベツを煮出して作るところから体験として大切にしたいのか，身近な植物や野菜が試薬になることを伝えたいのか，色の鮮やかさと飲めることを重視したいのか，いろいろな試薬で比較することを目的としたいのか，テストや受験のために教科書に載っている実験を優先したいのか……。児童の実態や教師の思いもあるので，絶対にこれが良いというものはありません。

　指示薬に限らず，その教材を使う意味と理由を再考し，時には違うものや新しいものを取り入れてみるのも良いかもしれません。

（亀山　詩乃）

第3章 スキル

理科の見方・考え方を伸ばすアイデア7

「どのような視点で捉えるか」が理科の見方であり，「どのような考え方で思考していくか」が考え方となります。

深い学びを実現するには，子どもが，理科の見方・考え方を意識的に働かせながら，自然の事物・現象に関わることが極めて重要です。

本章では，理科の見方・考え方をスキルと捉えて，学習を通じて成長させていくためのアイデアを紹介します。

15 フローチャートで見通しを持つ

見通しを持つことで，複雑な実験も計画的に安全に。段階を踏むことで主体的に見通しを立てられるようになります。

見通しを持てる授業づくり

活動のゴール・授業の流れや手順を提示するなど，児童が見通しを持てる日頃の授業づくりは，ユニバーサルデザインの視点からも大切です。

自分のやるべきことが明確になり安心して授業に臨めるだけでなく，時間配分を考えながら観察や実験をすることができ，授業時間内に活動のゴールに辿り着けるという良さもあります。

フローチャートで見通しを持つ

「見た目で区別のつかない8種類の水溶液を自分たちで考えた方法で判別しよう！」という課題を，6年生「水溶液の性質」のゴールとして設定しています。情報や考えを整理し，見通しを持って安全に実験するために，フローチャートを用いた実験計画を班で作成するのがおすすめです。

上記ゴールに至るまでに，①既習の実験内容をフローチャートに落とし込む（板書を写す）②5種類の水溶液の判別実験に向けてフローチャートを作成する（個人）と，段階を踏んで学習を進めます。美しく書くことが目的ではないので，細かいルールや書式はこだわりません。図を書くことに苦手意識を持たせないために，ワークシートを活用するのも良いでしょう。

「8種類の水溶液の判別実験」に向けた班活動では，最初にどの実験を行

第3章 スキル 理科の見方・考え方を伸ばすアイデア7

う？危険な薬品を早く判別するには？道具を少なくするには？もしこの方法で結果が分かりにくかったらどうする？など，既習事項を整理しながら実験方法を多面的に検討します。塩酸に卵の殻や貝殻を入れるのも，水酸化ナトリウム水溶液に髪の毛を入れるものOK。準備や安全管理は大変ですが，危険さえなければ児童のやってみたい気持ちを尊重しましょう。

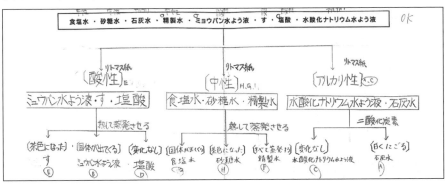

このように実験工程が俯瞰できるので，次に何をすれば良いのか見通しが持てるだけでなく，実際に実験してうまくいかなかった部分を振り返り軌道修正しやすくなります。また，フローチャートという共通のツールを使うことで，班やクラスで共有したときに差異点や共通点がひと目でわかります。

応用・プラス❶アイデア

情報整理と思考の可視化という点では，様々な教科で使えるマインドマップも有名です。フローチャートを樹形図のように捉えれば，実験の場面だけでなく植物・動物・昆虫・雲などを分類する際にも活用できます。

みんなでアイデアを出しながらゴールに向かう過程には，多面的に考える・比較するなど，理科で大切にしたい考え方を働かせる場面が散りばめられています。

（亀山　詩乃）

43

16 子どもの前にある情報を全てとする

 観察や実験では，得られた気づきを最重視した考察を。辿り着きたい結論があっても，ぐっとこらえましょう。

観察や実験は理解させるための手段だった？

　昭和46年施行の学習指導要領は，各学年の目標を全て「理解させる」という文末で記しています。当時，観察や実験は，説明を理解させるための補助や裏付けとして行われていたのかもしれません。

　今日でも「この実験をさせてあげなくちゃ…！」と使命感にかられて実験を行い，「間違ったことは教えられない…！」と予定通りの考察を黒板に書くといった授業は，どこかで行われていると思います（恥ずかしながら，私もときどきやってしまうのです）。

　現在の学習指導要領を大雑把にまとめると，観察は諸感覚を通して気づきを得ようとする活動，実験は意図的な操作を行って結果を得ようとする活動といえます。つまり，正しい知識を身につけることや，仕組みを理解することを，その目的としていないのです。むしろ，科学的な正しさのために，観察や実験で得られた情報では辿り着けない説明を持ち出されると，子どもはたちまち観察や実験の意義を見失います。

　「目の前にある情報が全てで，場外からの後出しは反則。」教師にこの意識があると，観察や実験によって得られる情報の価値が高まり，それらを根拠とした話し合いや考察ができるようになります。次ページでは，それをさらに活発にする方法を紹介していきます。

第3章 スキル 理科の見方・考え方を伸ばすアイデア7

観察や実験に立ち戻れるようにする

　各々の記録をもとに話し合いをしても，目の付け所の違いや，記録の誤りにより，話が進まないことがあります。こうした問題は，観察に立ち戻れる環境を用意することで解決できます。ホウセンカであれば，小さな鉢で育てて，机上に置けるようにしてはいかがでしょうか。

　ゴムなどの実験では，様子を動画で撮影しておくことも効果的です。想定外の差異が生じた時に，立ち戻って方法を確認できます。

机上に置かれたホウセンカ

応用・プラス❶アイデア

　唾液とでんぷんの実験において「だ液はヨウ素液のはたらきをなくすのではないか」と考える子どもがいました。みんなで方法を振り返った後，「その可能性は否定できない。」という話になり，「唾液によって，でんぷんとヨウ素液のどちらかがそのはたらきを失う。」という結論に至りました。こうした批判的意見を拾い，さらに実験を行って確かめていくことができれば，理想的な展開です。しかし，時間や環境の制限からそれができない場合でも，妥当な意見を取り入れて，「（現時点での）結論」としてまとめることはできます。教師が用意していた結論に，無理をして導く必要はないのです。

　話がそれたままになった場合には，単元の終わりに授業と教科書の差異を子どもと話し合うと，内容を整理しながら知識をおさえることができます。

子どもの前にある情報が全て。情報にアクセスしやすい環境と，目の前の情報に矛盾していなければ良いとする教師の開き直りがあると，授業が活発になります。

（壁谷　祐亮）

17 観察対象を増やすことで見方を働かせる

 子どもが自発的に見比べたり，多様性や共通性の視点で事象を捉えたりできるようになる観察方法について紹介します。

観察する種類を増やして，見方を働かせる

　5年「植物の成長，発芽，結実」では，両性花であるアブラナを用いておしべやめしべについて学び，単性花ではヘチマやヒョウタンなどのウリ科で実のでき方などを学びます。6年「植物の養分と水の通り道」では，主にホウセンカなどを用いて気孔の観察を行います。このとき，1つに限定せず，色々な植物を観察させることで，「多様性・共通性」の見方が働きやすくなります。

身近にある花を用いて観察しよう

　いろいろな種類の植物を観察に用いようとしたとき，問題になるのは植物が数日では咲いてくれないということです。春に授業をしたいとなると，前年から種まきをしなければならなかったり，うまく育てられず枯れてしまい少ししか咲かなかったりと植物の栽培には手間と時間がかかります。

　こんな時に役立つ方法が，身近にある植物を使うことです。今回は5年「植物の成長，発芽，結実」の1つの例として，小さいころ蜜を吸った経験がある人も多いであろう，ツツジを紹介します。

第3章 スキル 理科の見方・考え方を伸ばすアイデア7

バラバラにしてみよう

グループで机を合わせ，黒い紙の上にツツジ2輪を置き，ピンセットやハサミ，ルーペなどを準備します。2輪のうち1輪をできるだけ細かくパーツごとに分けるよう伝えます。分けられたらiPadなどで写真を撮り，名前を書き込んでいきます。

ツツジのつくり

ここで，「アブラナの観察結果と比べてみよう！」と問いかけます。すると，「花のつくりは同じだ」「おしべの数が違う」「花びらが分かれていない」などの発言が出てくるので，差異点・共通点の視点で整理していきます。

今回は2種類の比較を紹介しましたが，観察対象を増やし多くの結果を集めて整理することで，自然と多様性や共通性の視点で捉える力が養われていき，問いかけが無くても自発的に事象を見比べるようになっていきます。

応用・プラス❶アイデア

今回は全員に同じ植物を使わせる授業を提案しましたが，バラバラに分けることに慣れてきたら児童が好きな花を自分たちで用意しても良いと思います。ただし，種類が増えすぎると植物の同定が大変になるため，「校庭に咲いている花」に限定するのも1つの方法だと思います。

身近にあって名前も知っているけれど，その植物のつくりまでは知らないことが多いと思います。こうした授業を通して，いつも見慣れている植物が違った見え方をしてくるのです。

（武部　文香）

18 双方向からの関係付け

 物事の関連性を理解することは非常に重要です。提示する順番を工夫してみましょう。

理科のものの見方・考え方を発揮するために

　科学的概念と生活概念を行き来することで，理科のものの見方・考え方は発揮されます。科学的概念とは科学的な真理のことを指し，生活概念とは生活経験の中で得られる個別具体的な概念のことを指します。

　そのためには，生活概念を一般化し，科学的な概念にすること，さらには科学的な概念を他の事象に適用させて考えることが重要になります。いったい，どんな方法が考えられるでしょうか。

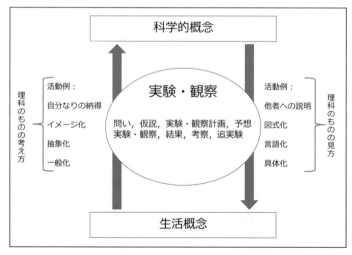

理科のものの見方・考え方を働かせるイメージ

第3章 スキル 理科の見方・考え方を伸ばすアイデア7

つくりとはたらきを相互に関連付ける

　例えば，4年「人の体のつくりと運動」ではつくりとして「人の体のでき方」を，はたらきとして「人の動き」について学び，この２つを関連付けて捉えることが重要になります。また，隣接する概念として他の動物の体のつくりとはたらきの関連性について学びます。ここであえて人の体について学んだ時としくみとはたらきを知る順番を反対にすることで，より深く関連付けることができます。

　例えば，人の体については，骨・筋肉・関節がどこにあるかを調べたあと，体の動く仕組みを学びます。これは，つくり→はたらきの順で学んでいます。動物の体について学ぶ際，はたらき→つくりで教えてみましょう。先に動物の体の動きを観察や調べ学習で知り，骨・筋肉・関節の形を予想する活動をすることで，より深く関連付けて捉えることができます。

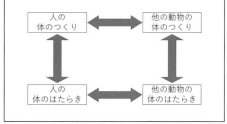

関係付けのイメージ

応用・プラス❶アイデア

　この関連付ける活動は，共通点だけでなく差異点を関連付けることもできます。例えば，5年生の「動物の誕生」では動物の育ち方と人の育ち方の差異点と共通点を関連付けていくことで，理科のものの見方・考え方が発揮されます。

教える内容は変わらなくても，どの方向から，どんな順番で，どんな風に伝えるかで子どもたちのものの捉え方は変わります。驚きが感じられる伝え方を考えましょう。

（小阪　智之）

19 理科の見方を「絵合わせパズル」を作って育む！

 絵合わせパズルを作って遊ぶことで，生命領域の見方である「多様性・共通性」を楽しみながら育むことができます。

準備は簡単！汎用性も高い！それが絵合わせパズル！

絵合わせパズルとは中央がくり抜かれた正方形のパズルを作り，折り込むことで自分の描いた絵や文字をそろえる遊びです。詳細は右図の通りです。これを理科の学習に取り入れる取組みをご紹介します。例えば，このパズルの絵を図形ではなく野菜にし，右図の星にあたる部分を「根が食用となる野菜」になるように

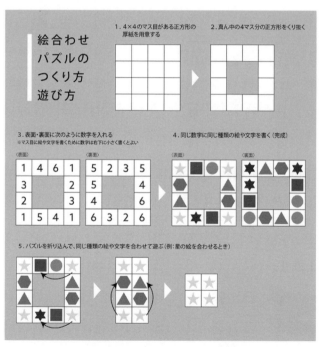

絵合わせパズルのつくり方・遊び方

作れば，パズルで遊びながら，生命領域の見方「多様性・共通性」を育むことができます。パズル全体としては，様々な野菜の集まり（多様性の部分）

第3章 スキル 理科の見方・考え方を伸ばすアイデア7

のように見えますが，2の面をそろえると「茎が食用になる野菜」，3の面をそろえると「葉が食用になる野菜」（共通性の部分）になります。

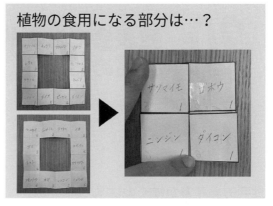

テーマ「野菜」の絵合わせパズルの例

友だちのパズルで遊んで，見方を働かせる活動につなげる！

テーマを「自由」にすれば，子どもたちは様々な内容から多様性・共通性を見いだし，それをパズルづくりに反映させるでしょう。作成後は，自分の作ったパズルを周りの友だちと交換して遊ぶ活動を取り入れてみましょう。

1の面をそろえたとき，「これは一体，何の仲間なのだろう？」と子どもたちの理科の見方を意図的に働かせることができます。

応用・プラス❶アイデア

作成した絵合わせパズルは理科室の体験コーナーなどに置いておくことで，あらゆる学年の子どもたちが挑戦できるようになります。

 簡単にできる絵合わせパズルの実践は作成しているときも友だちの作ったパズルに挑戦しているときも，生命領域の見方「多様性・共通性」を楽しみながら育むことができます。

（山田　将太）

51

20 発表会で批判的思考力を高める

 実験結果を整理し,他者へ共有していく過程で
批判的思考力を高めることができる授業を提案します。

批判的思考力が働くのは?

　理科において,深い学びをつくろうと思った時,批判的思考力がポイントとなります。批判的思考力とは,簡単に言えば,物事を分析するスキルです。理科学習においては,以下の様な場面で働き,伸ばしていくことができます。

①実験目的に対して,実験手法や計画の妥当性を考える場面
②考察を導く際に,自分たちの結果が妥当なものか評価する場面
③結果を発表する時,他者に正しく伝わるか検討する場面
④他者の発表を聞いて,目的と発表内容が合致しているか考える場面

　これらの場面を自然と生み出すことができるのが,「発表会」です。
　実験についてのプレゼンテーションを行うことで,自分の実験はもちろん,他のグループの取り組みについて考えることになり,批判的に見る力を高めることができます。発表会の取り組みは,ICTを使うことで,より効率的に行うことができるようになりました。
　5年「植物の発芽と成長」単元で行った,「発芽に必要な条件を調べる実験」を例に説明します。

授業の流れ

　本実践では，実験の条件設定を，1グループ1条件の担当制にしました。子どもたちは，班ごとに調べたい条件を1つに絞り，その条件が発芽に必要か調べるための実験計画を立てました。他の班と調べる条件が重なってもOKとしています。その後，実験を通して調べた結果をスライドにまとめます。

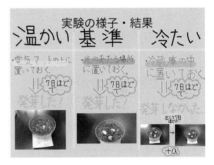

児童作成スライドの一例
（ロイロノートで作成）

　そうした活動を通して，実験の振り返りと思考の整理を促すことができます。スライド作成はデジタルで行います。①実験目的，②実験方法，③実験結果，④考察，⑤まとめの5つについては，必須項目として共有してありました。

　発表会は，グループごとに時間を決めて，「発表＋質疑応答」で構成します。発表の練習だけでなく，質問対策をしているグループの姿もありました。こうした準備が，実験方法や結果を「見つめ直す」ことにつながり，批判的思考力を伸ばします。発表会の評価項目を事前に伝えておくと，より質の高い発表会となります。

応用・プラス❶アイデア

　研究についての発表会は，どの単元でも実施可能です。規模を小さくして実施することもできます。発表会を重ねていくうちに，スライドや質問内容が洗練されていき，批判的思考力が育まれていきます。

発表会で，子どもたちはちょっぴり学者気分に…!?
子どもたち同士の交流を深めるきっかけにもなります。

（安藤　諭）

21 正しい実験の仕方を目指して

 正確に実験するとはどういうこと？信頼できるデータとは？
風やゴムの実験を通して，実験ノウハウを身につけます。

1回の実験では分からない…！

　みなさんは実験を1回で終了していませんか。限られた授業時間や準備の手間などを考えると同じ実験を何回も行うことは難しいですが，その1回の実験で出た結果は果たして本当に信用できるものなのでしょうか。論文レベルの精度は求めませんが，複数回行った実験の方が再現性を確認できるのでデータの信頼性も高いはずです。また，1回の結果で決めつけてしまうと，「1回で良いんだ！」という子どもたちの誤認識にもつながりかねません。

　しかし，子どもたちが考える実験の手順に注目すると，回数以外にも条件の不揃いや，都合よく解釈するなど，いくつも落とし穴があります。

　これらの落とし穴にはまらないようにする練習として最適な単元が「風やゴムのはたらき」です。この単元は実験の予想が立てやすく，何回も計測できる一方で，正確な実験を行う難しさを実感しやすい単元といえます。

　そこで，右の枠内の3点を「実験3カ条」として定め，風受けの大きさを変えて車の進む距離の関係を調べる実験を例として説明します。

①調べたいもの以外の条件を揃える
②結果を数値で記録する
③複数回実験する(データ数を増やす)

実験3カ条

第3章 スキル 理科の見方・考え方を伸ばすアイデア7

最初から整え過ぎず, 振り返りを大切に

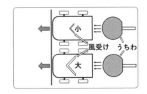

実験模式図

　はじめの実験では実験結果をノートに書くだけではなく, 写真や動画で様子を記録します。
　この時「実験3カ条」は敢えて言いません。
　大切なのは, 実験結果の振り返りの時間です。子どもたちが自由に行った結果を見ていくと, 値にばらつきがあったり, 計測失敗と考えられるような結果が出たり, と全員が同じ結果にはならないことに気づきます。そこで全体でノートや記録動画を見ながら意見交換し, 実験操作の課題点と改善点を洗い出します。実験の回数を増やす, 車体や車輪の向きを揃える, うちわを扇風機に変えることで風力を安定させるなど, 多くの意見が出てくることでしょう。ここで「実験3カ条」について確認します。併せて, 記録の仕方や表の書き方などについても触れておきましょう。子どもたちは, 失敗と振り返りを通して, 正しい実験の仕方を身につけていくのです。

	風受け(大) 進んだきょり(cm)	風受け(小) 進んだきょり(cm)
1回目		
2回目		
3回目		
4回目		
5回目		

記録用の表（例）

応用・プラス❶アイデア

　他に数値を記録しながら何度も行える実験としては, 4年生の「空気と水」の空気でっぽうの実験もおすすめです。4年生なら比較に加え, 関係付けの見方・考え方も加わり, 考察の幅も広がっていきます。

測定実験が複数回登場する単元では, 反復しながら実験のノウハウが習得できます。子どもたちも自分自身の成長を実感しやすく, より意欲的に取り組めます。

（安藤　諭）

55

COLUMN 3

自然体験・自然観察のすすめ

　昔と比べて自然の中で過ごす時間は減ってしまったように思います。このことは，理科教育に携わる一人として，危機感を感じています。

　自然との触れ合いは，自然を愛する心情を育てるだけでなく，自然環境と人間との共生の手立てを考え，主体的に問題解決しようとする人材の育成につながります。また，体験や観察を通して，比較したり，多面的に考えたりする態度，すなわち，理科の見方・考え方を育てることができます。校庭の一角や公園など，身近な場所でも十分活動できますし，同じフィールドでも，季節や天候によって見られる動植物の種類や姿も異なりますので，自然に触れる機会を少しでも増やしてほしいです。

身近に見られる生き物たち

　自然体験・観察の際には，見たり触ったりするだけなく，匂いを嗅いだり，耳をすませたりと，**五感をフルにはたらかせてみる**ように促してみましょう（安全管理には留意…！）。

　「1種でも，動植物の名前を覚えられると良いですね。」と促すだけでも，子どもの観察意欲は変わります。似た動植物同士を比較すると，差異点に着目でき，覚えやすいです。記録や情報収集時にICT機器を活用しても良いです。

　理科の見方・考え方を伸ばすのに最適な自然体験・自然観察。教師自身のリフレッシュにもなりますので，ぜひ積極的に取り入れてみてください。

（安藤　諭）

第4章 ICT

学びを深める
ICT活用アイデア7

　ICTは実体験を最大化するツール。
　それ以上でも，それ以下でもありません。
　理科の授業は，「実体験」が真ん中であり，いかに豊かな体験をつくっていくかがポイントとなります。
　教師の役割は「子どもと体験をつなげる」という意識が極めて重要です。子どもの実体験の質を高め，豊かな体験をつくるためのICT活用アイデアを紹介します。

22 クラウド活用で授業を変える！

 子どもの生活体験を教材とした，授業づくり！
クラウドを活用した新しい授業の在り方を提案します。

授業外の学びを授業へとつなげる

　例えば，4年「季節と生物」において，「春探し」をする場面。
　子どもに「これから春探しの学習をします。春を感じる生きものや植物を見つけたらクラウドに提出してください。」と声をかけます。子どもは，授業外の時間に見つけたものを写真や動画に撮り，クラウド上に提出します。
　提出には，授業支援システムや Padlet などを使います。Padlet のようなブラウザベースのシステムならば，端末・OS 問わずに使用することができます。そうして集まったたくさんの資料を使って授業を展開します。

- ・集まった写真を見て気づきを発散する
- ・集まった写真をいくつかの視点で分類する
- ・いくつかをピックアップして比較する

　こうした活動を通して，課題を焦点化していくのも良いでしょう。
　予定調和でない，まさに学習者中心の学びが展開できます。

家にある最強のじ石は？

　家の中は，理科の教材であふれています。そうした身近なものほど，子ど

もの興味・関心が内在されている場合が多く、深い学びへとつながる教材です。例えば、3年「磁石の性質」において、「家の中にある、最強の磁石を写真に撮ってクラウドに提出してください。」と声をかけます。

すると、子どもたちは、家にある磁石を「強さ」という視点で観察し、時には、簡単な実験をして、子どもなりに一番強いと考えた磁石を提出するでしょう。

授業では、「提出されたものの中で一番強い磁石はどれですか？」と問います。

それを科学的に検証して、アウトプットする活動へと入っていくことで、子どもたちの科学性が発揮される学びをつくることができます。

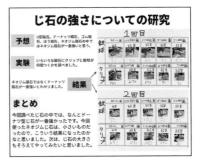

実際の子どもの成果物

応用・プラス❶アイデア

今回は「強さ」に注目しましたが、「じ石についての豆知識」をテーマに交流し、より広く学びを展開することもできます。

また、4年「電流の働き」では「家にある乾電池の使われているもの」を交流したり、5年「天気の変化」では「今日の空」を交流し合ったりと、様々に応用することが可能です。

授業は学びの入り口に過ぎません。大切なのは、日常を科学の目で見つめ、ものの見方を広げていくことです。クラウド活用で、実生活と往還する学びが、よりシームレスに実現できます。

（吉金　佳能）

【参考資料】
吉金佳能・宗實直樹（2024）『個別最適な学び×ロイロノート』明治図書出版

23 写真や動画をクラスの共有財産にする

 授業中に撮影された記録用の写真や動画。クラウドで共有することで，子どもの気づきを増やすことができます。

個人が実験や観察で撮影した映像を授業内で活用する

　GIGA端末が学校現場に入ってきて，実験記録の選択肢に「個人による撮影」が入ってきました。実はそこで撮影された写真や動画は活かし方次第で，学級として授業の中で良い学びにつながっていく可能性を秘めています。

　ここでは個人が撮影したものを授業の中で活かし，気づきを増やす実践をご紹介したいと思います。

写真や動画はクラスの共有財産

　実験や観察で子ども達が目にする実物には沢山の情報が詰まっています。撮影した写真や動画には，つい見逃してしまいがちなカギとなる瞬間が収められていることがあります。この映像がクラウドに上げられ，誰もがアクセスできるようになっていると，子ども達の

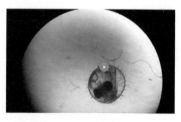

メダカのたまごの観察動画

学びの可能性が広がります。子ども達がその瞬間を見つけ出しても良いですし，教員が見つけて紹介しても良いでしょう。

　「あの時こうなってたんだけど…」が共通の認識になりやすいです。

60

6年生　物の燃え方（酸素中での燃焼）での活用例

　この時間は酸素が充満した集気びんの中でものを燃焼させるとどうなるのかを確かめる実験を行っていました。実験が進んでいって考察を考える内にある班は「自分達のびんだけ燃焼の度合いが小さい」ということに気づきました。

共有された動画が並んでいる様子

　その班は共有されている他の班の実験の様子を見て，「自分達だけかなりビンの入り口に近いところで燃やしてしまった」ということに気づきます。そこから「入り口付近ではふたを開けた時に空気と混ざるのではないか」と考えて再実験することを決めていました。

　この様に，子ども達が他者との違いを見いだし，再び実物に戻っていくような学習活動が見られました。

動画を並べると更に比較しやすい

応用・プラス❶アイデア

　今回の事例では同じ実験を全員で行いましたが，条件の違いを比較するために敢えて違う実験を班別に行ってその様子を共有し，差異点や共通点をそこから見出しながら考察をまとめていくような授業にも活用できるでしょう。

他者の記録と比較したり，見逃した瞬間を見直せたりと，学びの可能性が広がりそうです。ただし，あくまで大事なのは実物で，映像はそれを補完するものだということは覚えておきたいです。

（田中　翔）

24 「PhET（フェット）」でバーチャル実験！

シミュレーションソフト「PhET（フェット）」を使えば、いつでもどこでも簡単に仮想の実験体験ができます。

「PhET」を使えば様々な理科のシミュレーションが可能に！

　無料かつブラウザ（ログインなし）で使用できるのが「PhET」です。

　まずはGoogleなどで「PhET」と検索してみましょう。物理化学生物地学のそれぞれの分野で多種多様なシミュレーションが用意されていますが、今回は「電気のはたらき」にフォーカスしてご紹介します。

回路のシミュレーションの様子

ショート回路のシミュレーション

　写真のように左の枠から必要な部品を取り出しオリジナルの回路を作ることができます。右の枠には電流計・電圧計もあるので、その時の値も調べることができます。また、回路にミスがあれば電流が流れなかったり、ショートしたりします。

第4章 ICT 学びを深めるICT活用アイデア7

PhETが活きる場面を考えて活用する！

　理科室で行う実験には，五感をフルに使う実体験としての良さがあります。したがって，私の場合は，以下の項目に当てはまるときに「PhET」を使うようにしています。

・実験後に復習する場面
・計算のたしかめを行う場面
・理科室ではできない実験の場面

計算のたしかめとして使う子どもの様子

　実験後に復習する場面の例として，「PhETを使って直列つなぎと並列つなぎを作りなさい」という指示が考えられます。また，理科室ではできない実験の場面の例として，「できるだけたくさんのショート回路を作りなさい」という指示が考えられます。写真の子どもは，回路図から「PhET」で実際に回路を作り，そこに流れる電流の値を確かめていました。

応用・プラス❶アイデア

　「PhET」で回路をいくつか作成し，「どの回路の豆電球が一番明るくなるでしょうか？」などといったクイズ大会をしても面白いと思います。

理科室では現実的にできない実験や危険性を伴う実験がバーチャルの世界ではできるというのが「PhET」の利点といえます。ICTの強みを特定の場面で発揮させていきましょう。

（山田　将太）

【参考資料】PhET Interactive Simulations（https://phet.colorado.edu）.

25 気象衛星データの活用

リアルタイムの気象衛星等のデータを活用！
環境問題にも有効活用できる可能性があります。

宇宙開発の現在

　現在，国内外問わず宇宙開発の競争が激化しています。NASAは現在，アルテミス計画（国際月探査プロジェクト）等を進めています。この計画にはアメリカ合衆国だけでなく，日本，カナダ，ヨーロッパ諸国など多くの国が協力して進めています。また，日本国内にも民間のロケット発射場ができています。北海道には2021年より本格稼働した北海道スペースポート（HOSPO）が大樹町に，また和歌山県にはスペースポート紀伊が日本で初めて民間の企業からの出資により，ロケット発射場が2019年設立されました。今後，未来社会を生きる子どもたちにとって，宇宙産業はもっと身近なものになるでしょう。

JAXAデータ提供サービスの活用

　JAXA（宇宙航空開発研究機構）は，データ提供サービス「Earth-graphy（地球観測衛星データサイト）」にさまざまな衛星から確認できる情報をアップロードしています。それらのデータを活用し現段階での地球の状況を確認することができたり，データを用いた研究に触れることができたりすることができます。

第4章 ICT 学びを深める ICT 活用アイデア7

①3D RAINFALL WATCH

GPM主衛星を利用して観測された日本周辺の雨の3D構造のアニメーションを閲覧できます。右図は2024年台風10号が南の海上にあるときの降水量です。

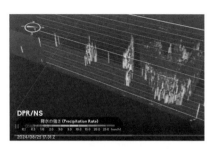

画像の説明

②高解像度土地利用土地被覆図

だいち（ALOS）が観測したデータを基に作成した日本の土地利用，土地被覆のデータです。こちらを利用することで理科の学習だけでなく，社会科や，教科横断的な学習にも有効活用できそうです。

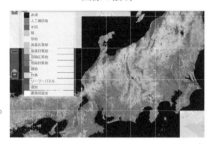

画像の説明

応用・プラス❶アイデア

EO Browserでは，欧州宇宙機関が運用する陸域観測を主目的とした工学ミッションの衛星「Sentinel」から観測できたデータを実際に見ることもできます。

宇宙開発は，現在進行形で進められています。教師自身も子どもと共に学ぶ，データを見てみるといった視点で，掘り下げていくと新たな発見があるかもしれません。

（髙﨑　裕太）

【参考資料】NHK WEB NEWS（https://www.nhk.or.jp/）
　　　　　北海道大樹町HP（https://www.town.taiki.hokkaido.jp/）
　　　　　和歌山県串本町HP（https://www.town.kushimoto.wakayama.jp/）
　　　　　JAXA HP（https://www.jaxa.jp/）
　　　　　EO Browser（https://apps.sentinel-hub.com/eo-browser/）

26 星空観察アプリを使おう

授業時間では実際に観察できない星座や月はタブレットで！
ICTを活用した新しい授業を提案します！

星座や月は見たい時間に見えない

4年「月と星」では星座や星の名前だけでなく、星や月の動き方について学習します。このとき星座早見や長時間シャッターを開けておいて撮影した軌跡写真などを学習の補助として使用することが多いと思います。

しかし、本来であれば実際に星座を見て、その動きを確認したいところですが、現実的な難しさがあります。

例えば、夏の大三角を7月に見ようと思うと21時ごろに東の空を見上げる必要があります。また、天体観測には天気や街の明るさも大きく関係しているので、いくつかの障壁を乗り越える必要があります。

こんな時こそタブレットの活用を！

天体観測支援ツール「SORA」

こういったときに便利な天体観測支援ツール「SORA」を紹介します。「SORA」は2023年に開発・公開された、Web上で動く星空シミュレーションアプリです。

タブレットだけでなく、スマホにも対応しており、機種やOSを問わず、使用できるデジタルコンテンツです。

第4章 ICT 学びを深める ICT 活用アイデア7

見たい日時や場所を設定して星空を見てみよう。

「SORA」は年月日だけでなく，時間や場所も設定できます。また，現在時刻に設定しておくとリアルタイムで時間が進んでいき，少しずつ星空が動いている様子を観察できます。端末の位置センサーと連動しておくと，画面の方角に自動で合わせてくれます。

ワークシートを活用しよう。

「SORA」には事前学習用・観察シート・事後学習用のワークシートがあり，それに合わせた「指導の手引書」も公開されています。手引書には観察のコツや，ワークシートを使用した活動の流れも提示されています。

応用・プラス❶アイデア

今回は星や星座に着目した授業提案でしたが，「SORA」では月の満ち欠けや太陽の位置，惑星も表示されるので，6年理科「月と太陽」でも役立ちます。

「SORA」はインストールの必要がないので，ネット接続ができる環境であればすぐに使用できます。SORA を入り口に，実際の星空観察につなげていくことが重要です。

（武部　文香）

【参考資料】天体観測支援ツール『SORA』（https://sora.tenmon.info）

27 授業にSNSを！Padletの活用

 かゆいところに手が届く，授業で使える優れたシステムです。実際にとても重宝した活用方法をご紹介します。

慣れていなくても，安心して授業に導入できる『Padlet』

　Padletは，Webブラウザで使えるオンライン掲示板アプリです。ボードという空間に投稿することで，文章だけでなくいろいろなものを共有して，みんなで閲覧したりコメントしたりできます。

　ボードは管理者が様々な設定や規制を簡単に行うことができるため，あまり操作になれていない方でも安心して導入することができます。

本領発揮するのは，離れた場所にいるとき!?

　Padletの良さは，個人が投稿したものに他者がリアクションをすることができ，その投稿はボードに閲覧しやすく広がっているところにあります。ですので，例えば夏休みの課題のように，それぞれが別の場所で別の時間に課題に取り組んで，その成果を共有する場合などには非常に効果的です。児童は，休み明けを待たずに他者のフィードバックを得ることができます。友達に見てもらえると思うからこそ，より良いものを投稿したいという気持ちにさせてくれます。

68

第4章 ICT 学びを深める ICT 活用アイデア7

発表会のときのコメント収集に！

　ボードの設定で『セクション』という機能があります。このセクションの名前を発表班の班名にしておけば，発表に対するコメントを，班ごとに整理した状態で，1つの画面のなかにすべて収めることができます。付箋や紙を集めて整理する手間が必要ありません。教師は，発表の様子を撮影して，終了後に動画をボードに投稿しておけば，子どもたちが自分たちの発表をふりかえるときに大変役立ちます。

応用・プラス❶アイデア

　Padletには，コメントや投稿をさせずに閲覧だけを許可する機能があります。こうすることで，教師からの投稿だけが留まるボードを作ることができます。ここに，日頃プリントで配るものを投稿しておけば，子どもたちはいつでもそれらを閲覧することができますし，プリントを紛失する心配もありません。共有できるものは文書に限らず，動画やリンクなども貼り付けられますので，例えば，参考になるサイトのリンクや，授業中にみんなでやったKahoot!の問題，文字では伝わりづらい説明を動画に収録したものなど，さまざまなものを整理した状態で，紛失することなく共有することができます。こうした，教師からの情報共有ツールとしても，大変重宝します。

　デジタルデバイスが教育に導入されたことの良さが，大変実感できるシステムです。アイデア次第で他にも様々なことを効率化し，充実させることができるはずです。ぜひお試し下さい。

（山﨑　剛士）

28 Kahoot! で楽しく知識定着！

 クイズ大会によって，復習をもっと楽しく！
他のアプリを併用して，問題募集や繰り返しの復習も！

授業の最初は前回の復習から，をKahoot!で楽しく！

　Kahoot!（カフート）は，教育向けクイズアプリです。簡単にクイズを作成でき，児童のデバイスを連携すれば，ゲーム性の高いクイズ大会を開催することができます。

　クイズ中は，獲得したポイントのランキングがリアルタイムに表示されるので，大変盛り上がります。

　教師が長く話してしまうと，子どもはつい聞き流してしまうもの。それでも，復習は知識の定着において重要なプロセスです。こうしたジレンマを解決するうえで，アプリによるクイズ大会という方法は，「自分の知識で腕試しをしたい！」という子どもの欲求を刺激し，高い関心状態での復習ができるため大変優れていると感じます。

　また，紙でミニテストを行うのとは違い，正解はアプリの自動判定によって行われるため，回収して採点作業をする負担もありません。だからこそ，「毎回実施しよう」という教師のモチベーションを保つことにも繋がります。

第4章 ICT 学びを深める ICT 活用アイデア7

子どもたちに問題を募集してクイズを作成！

　子どもたちに問題をつくってもらう実践も行いました。例えば，何でも良いので生き物に関する四択のクイズを考えて，問題文・正答・誤答3つを送ってもらいます。それらを組み合わせてオムニバス形式でクイズを作成。本文に問題作成者の児童の名前を載せてあげて授業で開催，という方法でした。

　問題の作成者は，誰かに伝えたいおもしろい知識や情報を調べてクイズ化する過程での学びがあり，回答する側もそれらを楽しみながら知ることができます。こうしたきっかけから，子どもの興味関心や知識が，授業の枠組を飛び越えて広がっていきます。

応用・プラス❶アイデア

　Kahoot!では，みんなで行うクイズ大会形式の他に，ソロプレイを行うこともできます。ソロプレイでは，様々なゲームモードを選択できるため，他者と競うのとは違う楽しさがあります。

　作成したクイズは，一般への公開状態にすれば共有することができます。ですから，例えばロイロノートの共有ノートを閲覧モードにしてそこにKahoot!の問題にリンクしたWebカードを配置したり，同様にPadletのボードに問題のリンクを投稿したり，といった方法でアルバム化しておけば，児童がいつでも過去問をソロプレイすることができます。

　復習にICTの力が加われば，子どもは楽しんで，教師は負担が少なく取り組むことができます。互いのモチベーションの維持は，充実した良い授業に帰結します。

（山﨑　剛士）

COLUMN 4

デジタルで加速する科学を意識する

　人間ひとりを単に生物1個体と捕らえるのは理科の学問としては十分ではありません。例えば，人間の腸の中には1,000種類・100兆個の腸内細菌が存在し，これらの多くは人間にとって良い菌であり，共生関係にあります。一方で人の身体には病原菌など悪い菌も存在します。

　我々は動物として1個体でも生物としては1個体ではないのです。そして，どのような種類の細菌が，どのような割合で我々と一緒に生活しているのかは，住んでいる地域や生活習慣によっても違います。これらのことを調べるためには，ゲノムの解析や電子顕微鏡での観察等が必要になります。

　「人間の腸内細菌について調べてください」と言われたらどうしたら良いでしょうか。いくつか方法はありますが，例えば「便」を調べる方法があります。採取した便をゲノム解析する際は，バイオインフォマティクスという生物学と情報科学を融合させた学問を用いて生命に関する膨大なデータをコンピュータで解析する操作が必要となります。電子顕微鏡で観察する際もコンピュータで制御しながら観察することになります。

　上記はあくまで一例ですが，近年の高校・大学で理科を専攻していくと，必ずと言っていいほど，デジタルの知識やスキルが必要になります。

　その入口として，校庭などで子ども達が見つけた植物や昆虫について図鑑アプリを活用して調べたり，月の満ち欠けについてARアプリを活用して理解したり，電気の回路の学習でスイッチにセンサーやプログラミングを活用したりするなど，理科授業において楽しみながら実践できる情報通信技術に触れる時間を少しでも増やしてみましょう。理科とデジタルの結びつきをより身近に感じ，科学への興味を増す一助になるでしょう。

（麥島　雄太）

第5章 授業開き・授業参観

1授業時間で勝負！
珠玉のアイデア7

　授業開き，授業参観や公開授業など，特別な授業が年に何度かやってきます。そんな時のために，理科のスペシャリストたちは，1授業時間で完結するおもしろ授業アイデアをいくつか持っているものです。

　本章では，理科のおもしろさを存分に味わえ，1授業時間で完結するアイデアを7つ集めました。

　魅せる授業ではなく，子どもの思考が働くおもしろ授業アイデアです。

29 授業開きの鉄板「サイエンスビンゴ」

理科の授業開き,何をしよう?
迷ったら迷わず「サイエンスビンゴ」をおすすめします。

授業開きはサイエンスビンゴ

　年に1度の特別な時間。理科の授業開きでは,子どもが理科の楽しさと学びの本質を感じることを目指します。最適なのが,サイエンスビンゴ!
　サイエンスビンゴというのは,フィールドビンゴから着想を得た自然科学遊びです。例えば,下の画像のようなものです。

　これは,5年生で使ったものです。校庭で見られる季節の動植物を中心に,子どもたちのコミュニケーションを促すようなマスも作っています。

実際の活動

　ビンゴカードはデジタルで作成し,授業支援システムを使って子どもへ配信します。個人ではなく,チームでの活動とすることをおすすめします。

第5章 授業開き・授業参観　1授業時間で勝負！珠玉のアイデア7

　子どもたちは，端末を持って校庭へ出て，チームでビンゴをプレイします。

　この活動で感じて欲しいことは，理科は観察や実験が何よりも大切な教科であり，また仲間と学ぶ教科であるということです。いつもの校庭も，理科的な視点を持って眺めることで新しい気づきがたくさんあるものです。また，仲間と学ぶことで，その気づきがより広がることを実感できます。

応用・プラス❶アイデア

　サイエンスビンゴは動植物だけでなく，岩石や理科室探検（飼育している生き物や実験器具，防災設備の場所など），また簡単な実験を取り入れることもできます。授業開き以外でも，隙間時間や様々な場面で使えます。

何かの実	カエル	ダンゴムシ
手より大きな葉っぱ	虫のなき声	白い花
トリ	アリ	トゲトゲのしょくぶつ

名前から探すもの，写真から探すものなどいくつかのパターンあり

授業開きでは，学習や理科室のルールの確認も大切です。しかし，一方通行で終わってはNGです。楽しく，少しのメッセージ性を持った学びをつくっていきましょう。

（吉金　佳能）

【参考資料】日本シェアリングネイチャー協会（https://www.naturegame.or.jp/）

30 紙コップで学ぶ理科の考え方

 今までに身につけた「理科の考え方」をおさらい！
6年生の授業開きにおすすめです！

「紙コップの観察」で4年間で学ぶ理科の考え方を網羅できる

　これまでの理科で何を身につけてきたのか。それを6年生の初めに確認し、これからの学習につなげていきます。

　まず、紙コップとガラスのコップを用意（似た形、同じような大きさのものがよい）し、観察します。ここで役立つのが、3年で身につけた「比較する」考え方です。2つを比べて、差異点と共通点を探していきます。差異点は見つかりやすく、紙コップは「やわらかい」「ふちが丸めてある」「あげ底になっている」といったことに気づきます。じっくり観察すると「どちらも台形をしている」「どちらも底に厚みがある」など、共通点にも気づくことができます。

コップの比較

ふちの丸まり

あげ底

気づいたことについて，説明してみる

　ここは４年で身につけた「関係付ける」考え方が役立ちます。「紙だからやわらかい」と，２つの事実を組み合わせることで，説明になります。では，「ふちが丸めてある」のはなぜでしょう。もしかしたら「うすい紙でも，口当たりを良くする」ためかもしれません。複数の説明が出ると理想的です。

実験して調べる

　説明に推測をふくむものを，実験で調べます。ここでは，５年の「条件を制御する」考え方が役立ちます。「ふちの丸まりをのばしたものと，そうでないもので飲み比べる。ただし，水の量はそろえる。」という方法が思い浮かぶでしょう。実際にやってみると，口当たりのちがいだけでなく，ある変化に気がつきます。丸まりをとると，水を入れて持ち上げた途端に紙コップが変形し，持ちづらくなってしまうのです。

応用・プラス❶アイデア

　ここからは，６年生で学ぶことについて考えていきます。
　結果からは，丸まりによって強度が上がるらしいと分かりました。では，「口当たりを良くする説」はどうでしょう。その可能性が「ない」とは言い切れませんね。これが６年で学ぶ「多面的に考える」です。複数の考えを出し，事実をもとに妥当な着地点を探っていくのが，１年間の活動になります。

今までの学習で何ができるようになっていて，これからの学習で何ができるようになるのか。それが頭にあると，１年間の様々な活動に意味を見いだすことができます。

（壁谷　祐亮）

31 これはどこを食べている？

みんな食べることは大好き！
だからこそ食材は身近な教材になり得る。

これはなんでしょう

普段何気なく食べている玉ねぎ，どこを食べているか分かりますか？

他にも様々な食材でどこを食べているかクイズをしたり，調べて発表したりすることで，植物の体の作りは「根・茎・葉」に分けられることが理解できます。また，実や種を食べているものもあることに気が付きます。

3年「植物の体のつくり」での学習前。子どもたちは生活科では葉っぱや根っこを学びました。日常生活で茎やお花，種といった言葉も身につけているでしょう。そこで，普段食べたり，スーパーで見たりしたことのありそうな食べ物（野菜や果物）を提示し，「これは何かな。どこを食べているかな。」と問います。この時点では色々な言葉が出てくるでしょう。理科では「根・茎・葉，実，種」と決まった呼び方があることを学ぶチャンスです。

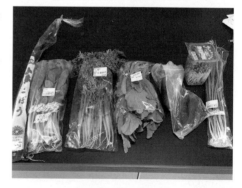

実際に見せた野菜
（左から　ゴボウ，コマツナ，ニンジン，カブラナ，サツマイモ・キュウリ・かいわれ・ネギ）

第5章 授業開き・授業参観　1授業時間で勝負！珠玉のアイデア7

1つ決めて紹介しよう

　単元の終末に，「自分で1つの植物を決めて，どこを食べているかクイズや紹介をしましょう。」と投げかけます。先生が紹介したものでも構いませんし，それ以外でも良いでしょう。みんなと被らず，自分唯一の植物だと，子どものやる気もアップすると実感しています。

・写真を載せるか絵を描く。
・どこを食べているか，その植物の豆知識（何でも OK）
・まとめを自分で書く。

　　使用するワークシート　　　　　　　子どもが発表した内容

応用・プラス❶アイデア

　6年「植物の養分と水の通り道」で，自分の調べたい野菜を1つ選んで，養分はどこに蓄えられるかを個人で実験しても面白いと思います。

学校で知った事を子どもがお家に帰って親に話す。
これが保護者との信頼関係の一歩です。日常生活に関連があるからこそ，お家で話題にしやすいでしょう。

（巽　匡佑）

79

32 飽和食塩水に砂糖は溶ける!?

 もうこれ以上溶けない「飽和」。でも他のものなら…？
子ども達の好奇心や探究心を掻き立てる番外編授業です。

現象や事柄について思考を活性化し，更に深く追求するために

　子ども達は，身近なものに意外性を感じた時，好奇心が働き，自ら「知りたい」「深めたい」という気持ちになります。しかし，一度「分かった」と思うとその現象や事柄に対しては多少なりと好奇心が下がる傾向にあります。そこで子ども達が「分かっている」と思っているであろう概念に，少々意外な側面からアプローチしてゆさぶりをかけることで，対象に再び好奇心を働かせ思考を活性化することが期待できます。

「飽和」の概念にゆさぶりをかける

　5年のものの溶け方で扱う「飽和」は「水の中でものがこれ以上溶けない状態」を指します。粒子モデルで表せば右図の様になり，もちろんこの理解でいいのですが，意外性を持たせるためにここにもう1種類違うものを溶かすことを提案します。そこまでの学習で1つの水には1種類しか溶かしてこなかったのでその意外性から一気に思考が活性化します。なお，この実験は現象の考察が少々難しいので，単元の学習を一通り終えた後に行う事をお勧めします。

　次のページに本時の簡単な流れをご紹介します。

飽和の粒子モデル例

本時目標：飽和食塩水に砂糖が溶けるという現象について，粒子モデルを用いてより妥当な考察を行うことが出来る。

学習内容・活動	備考
・本日の活動内容を確認	※飽和の概念を粒子モデルで確認できると良い。
・予想 ・方法の考案，確認 ・実験と考察	※考察に時間を多く割ける様，器具や飽和食塩水などは予め準備しておいても良い。 ※考察では粒子モデルを用いて検討する。
飽和食塩水に砂糖は溶けることをおさえる。	※どの粒子モデルが正解かを大事にするよりは，子ども達がより妥当な考察に辿り着こうとしていることを大事にしたい。

右図は，考察で子ども達が導き出した粒子モデルの例です。左は食塩には入れない隙間に砂糖が入った図，右は食塩と砂糖がくっついた図です。どちらも厳密に正しい科学的理解であるとは言い難いのですが，今回そこは細かく求めません。実験する⇒考える⇒導き出すというプロセスに重きを置いた授業です。（原理はインターネットにも載っています）

子どもが考えた粒子モデル例

応用・プラス❶アイデア

もし2時間続きなら，飽和食塩水を作るところから実験を計画するのも良いでしょう。ろ過の概念を活用する良いチャンスでもあります。

発展的な内容に踏み込む時は，厳密に正しい科学的理解を求めるというよりは，その現象に実験や既習事項からより妥当性のある考察に挑んでいく。そんな授業もおもしろいでしょう。

（田中　翔）

33 理科室を博物館化する！

 子どもたちにとって博物館はワクワクする空間です。理科室を博物館化する授業を提案します！

多種多様な教材があるとき，それは「博物館化」のチャンス！

　磁石や光，音などの単元では，子どもたちに紹介したいおもしろい教材がたくさんあるものの，班の数だけ用意できずに演示実験で終わらせてしまうこともあると思います。そんな時は，博物館化のチャンス。

　理科室をいくつかのブースに分け，博物館のように展示する仕掛けをすることで，子ども全員が楽しめる空間になります。4年理科「雨水の行方と地面の様子」において，「土と石のふしぎ発見展」を開催した事例を紹介します。

告知ポスター

博物館化した理科室

第5章 授業開き・授業参観 1授業時間で勝負！珠玉のアイデア7

全てのブースを自由にまわって体験する企画展！

　子どもたちには事前に告知ポスターで内容をお知らせするとともに，当日は家からお気に入りの石を持って来て良いことにしました。また，当日を授業参観の日にあてることで，親子ともに楽しめる企画展にしました。

　今回の企画展で用意したブースは次の6種類です。

・軽石と普通の石の重さのちがいを知るブース
・砂場にある砂を顕微鏡で観察するブース
・様々な化石を観たり触ったりできるブース
・砂鉄と磁石であそぶブース
・お気に入りの石を紹介し合うブース
・静かに石の本を読むブース

各ブースのキャプション

　各ブースにキャプションを設置し，子どもたちへの問いを書きました。「この石はどこから来たの？」「この石はなぜこんな形なの？」。
　謎解きのように各ブースを周り，実物に触れながら問いを楽しむ「博物館型授業」にチャレンジされてみてはいかがでしょうか。

応用・プラス❶アイデア

　今回は教師主体の企画・準備でしたが，これを探究学習の一環として，子どもたち自らがプロデュースした企画展を行ってもいいでしょう。

「なぜ博物館はワクワクするのか？」そう考えるとどこに行ってもいい自由度の高さと主体的に学べる点にあると思います。演示実験にはない良さが「博物館化」にはあるのです。

（山田　将太）

34 パフォーマンス課題「ものと重さ」

 3年「ものと重さ」での学びを活かしながら考え，理解を深めるパフォーマンス課題を提案します。

3年生の学習単元「ものと重さ」

　この単元では主に「物は，形が変わっても重さは変わらないこと。」「物は，体積が同じでも重さが違うことがあること。」を学びます。これらの学習を通して，形（見え方）ではなく重さに注目するという視点を得ることは，今後，理科の見方の1つである質的・実体的な視点を働かせる上でとても重要です。パフォーマンス課題に挑むことで，学習内容の理解が深まるだけでなく，「重さに注目する」という視点がより強く，子どもたちの印象に残ると考えます。

パフォーマンス課題「クッキーを分けるには？」

【課題】　ここに同じ材料から作った1つ10gの3種類のクッキーがあります。このクッキーを3人で同じだけ食べられるようにするには，どのように分ければよいだろう。
　　クッキーを分ける方法とその方法にした理由を説明しましょう。ただし，今回はクッキーをわってはいけないものとします。

「重さ」に注目できるかどうか

提示資料「クッキー」

　右のようなイラストを見せながら課題を提示します。ポイントは同じ形のクッキーが3等分できない状況を作り出すことです。考え始めは、目に見える形と数だけに注目してしまいやすいため、「3等分なんてできないよ！」という子が出てくると思います。そんな時は、様子を見ながら「この単元で学んだことを思い出してみよう。」「物は形が変わっても重さは変わらないのでしたね。」「クッキーの重さに注目してみよう。」と段階的にヒントを出してあげるといいでしょう。最終的に、「形は違うけれど重さが同じだから、形は関係なく同じ数になるように分ければいい。」と、クッキーの重さに注目して考えられるかどうかがポイントです。

　今回は15分程度で簡単に実践できる課題を紹介しましたが、下記の応用を取り入れて、45分（1授業）で構成するのもおすすめです。

応用・プラス❶アイデア

　「1つ10g」と示さず、同じ重さで形の違うクッキー（に見立てたもの）と電子てんびんを準備し、自分で操作しながら重さが同じであることから考えられるようにすることで、課題の難易度はグッと高まります。その分、解決した時により強く「重さで考える」という視点が印象付くはずです。

 質的・実体的な視点を働かせられるようにするためには、まずは目に見えているものだけに囚われないようにしてあげることが大切です。この課題をその第一歩にしてみてください。

（衛藤　巧）

35 パフォーマンス課題「砂糖水でカラフルタワー」

 理科だからこそできる，美しくカラフルな題材。
子どもたちは魅了され，やってみたい気持ちが高まります。

美しい！きれい！ワクワクできる仕掛けを

　顕微鏡で眺めるミョウバンの再結晶，整然と並ぶ植物や野菜の気孔，ロームの中に潜むきらめく鉱物，無数の星が輝く宇宙……理科の授業で扱う題材には美しいものがたくさんあります。授業づくりでは，この「美しい！」「きれい！」という感動やワクワク感も大切にしています。

パフォーマンス課題「砂糖水でカラフルタワー」

　自然のありのままの美しさとは少し異なりますが，子どもたちが夢中になる美しくカラフルな実験アイディアを紹介します。
　インクや食紅で色をつけた濃さの違う砂糖水を複数用意し，試験管の中に薄い順に静かに注ぎカラフルな層を作る，という実験。元々はサイエンスクラブでよく扱っていた題材ですが，教師が思っている以上に子どもたちは時間を忘れて夢中になり，2人1組で相談しながら試行錯誤する姿が見られる実験でした。もしかしたら，工夫次第ではクラブよりも授業に向いているのでは？と思い，5年「もののとけ方」におけるパフォーマンス課題として設定しました。
　教師は見本として5色タワーを作って見せますが，「何色でもいいの？虹色にしたい！」「10色がいい！」と意欲はどんどん高まります。考える余地

を残すために，見本は実験の手順だけを簡潔に。目指すタワーにするために，今まで学んだことを活かしながら計画します。水を計量し，砂糖を溶かし，順番に並べ，こだわりの色を作り，駒込ピペットで慎重に層を重ねます。

　子どもたちにとっての目標は「きれいなカラフルタワーを作りたい！」ですが，その目標に向かう中で，既習の知識を活用し，見通しを持って計画を立て，班で協力して1つのものを完成させる……という理科で育んできた力を自然と発揮することが出来ます。

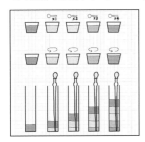  

実験の様子。班ごとの個性が光ります。

応用・プラス❶アイデア

　この実験，見通しを持って計画を立てることが重要なのは言うまでもありませんが，実は駒込ピペットを上手に扱うことが成功の鍵。児童の実態に合わせて，駒込ピペットの代わりにスポイトとストロー，太い試験管の代わりに透明なカップやガラスの筒などを使う方法もあります。

「きれい！」は魅力的で印象に残りますが，表面的なもので終わったら意味がありません。その体験を通してどのような力を身につけて発揮して欲しいか？その先を見据えることが大切です。

（亀山　詩乃）

COLUMN 5

保護者参観を保護者参加に

「ここからは大人の皆さんもよければ是非一緒に観察してみて下さい！」

この言葉でおずおずと参観の保護者が子ども達のもとに向かい，一緒に観察を始めます。最初は緊張していた面持ちも徐々に硬さが消え，両者が一緒に観察を行い，発見したもの，感じたことを分かち合い始めます。

保護者参観はやはり特別な空気が流れます。子ども達は「良いところを見せよう」と意気込んだり，「失敗したら…」と心配したり，保護者は「わが子は…？」と期待と心配の眼差しを向け，教師は「良い授業にしなければ！」と変に気負っていたり…普段とは違う三者三様の感情が渦巻いています。

どの立場も味わったことがあるので気持ちはよく分かるのですが，授業である以上，大事なのはそこで行われる学びです。保護者がいることで雰囲気が変わり，授業がうまくいかない…なんて話も聞きますが，**逆に保護者がいることでエンパワーメントされる授業が出来れば**いいですよね。

そこで理科の参観でお勧めなのが観察の授業です。上で紹介した様に保護者も参加しやすい活動で，活動をしている内にコミュニケーションも自然と生まれやすいです。何より，子どもが保護者と「こんなの見たね」「ここがすごかったね」と共通の経験を共感できるのが良いと思っています。子ども達にとって，保護者との共感は活動の背中を押す大きな力となります。授業でそれが出来れば，子ども達のモチベーションは大きく高まるでしょう。

毎回は無理かもしれませんが，遠くで見るより，横にいて一緒に活動を行えるような参観であれば，より教育効果が高まるのではないでしょうか。

（田中　翔）

第6章 アウトプット

理科における
学びのアウトプットアイデア7

　1人1人のアウトプットを保障する，それが子どもの主体性と理科の力を高めるポイントになります。
　理科におけるアウトプットの基本は，観察した様子を言葉にすることです。子どもたちは，そうした言語化を通して，考えを深めていきます。
　日々の授業の考察や振り返り活動の充実を目指すと同時に，ゆとりがある時は成果物をつくらせると良いでしょう。1人1台端末の導入で，アウトプットの選択肢が大きく広がりました。本章では，理科と相性の良いアウトプットのアイデアを7つ紹介します。

36 最強のアウトプット「レポート」

  理科における最強のアウトプット，それはレポートです。
明日からできるレポート活動を紹介します。

体験を言語化することの価値

　理科学習において大切なことは，体験を言語化することです。言語化することで思考が整理されます。観察時の気づき，実験前後の予想や考察を言葉として残しておくことを習慣化します。

　そうした日々のアウトプットを大切にしつつ，時には「レポート」という成果物にもチャレンジしてみてはいかがでしょうか。デジタルの導入で，レポートへの特別感がなくなりました。試行錯誤が生まれ，子どもの科学性が発揮しやすい，理科における最強のアウトプットになったと感じています。

ワークシート型レポート

　1授業時間内では右の画像のようなデジタルのワークシートを使います。こうしたワークシートで経験を積み重ねることにより，問題解決の流れが自然と身につき，レポートの質が高まっていきます。

実際のワークシート

第6章 アウトプット 理科における学びのアウトプットアイデア7

ゼロからつくるレポート

　時には大きなアウトプットの機会をつくります。レポートの書き方の基本を伝え，研究の成果をレポートにまとめて提出するような活動です。実験をグループで行った場合でも，最後のアウトプットは個人とすることで，個々の問題解決の力をより高めることができます。

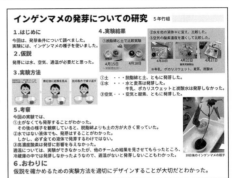

5年「発芽条件」におけるレポート
（ロイロノートで作成）

＊科学レポートの基本＊
　①はじめに　　②仮説（予想）　　③実験方法　　④実験結果
　⑤考察　　　　⑥まとめ（おわりに）　　⑦参考資料

応用・プラス❶アイデア

　レポートは，「Padlet」へ提出することをおすすめします。コメント機能による相互フィードバックができます。フィードバックの際は，評価する視点を与えることで，批判的思考力を高めることができます。私は，その研究が科学的かどうか？という視点はいつも持つように伝えています。

授業は学びの入り口に過ぎません。大切なのは，日常を科学の目で見つめ，ものの見方を広げていくことです。クラウド活用で，実生活と往還する学びが，よりシームレスに実現できます。

（吉金　佳能）

【参考資料】
吉金佳能・宗實直樹（2024）『個別最適な学び×ロイロノート』明治図書出版

37 新種の昆虫, つくりました

　子どもたちが昆虫のもつ多様性・共通性を理解しているかどうかを作品づくりというアウトプットで見取りました。

「知識を活用できているか」という観点からアウトプットさせる！

　子どもたちに覚えた言葉を言葉でアウトプットさせても，本当の意味で理解しているかどうかを見取ることは難しいと感じます。子どもたちが覚えた言葉を作品に変換する活動が，「新種の昆虫, つくりました。」です。

　昆虫の持つ多様性（役割によって異なる口やあしのつくりなど）と共通性（体が頭・むね・はらに分けられ，むねから3対のあしが生えている点）を意識し，自分だけのオリジナル昆虫づくりを行いました。昆虫の定義を言葉では言えていた子どもが，作品づくりでははらの部分にあしをつけてしまっている場面を何度も見かけました。このように知識を活用するアウトプットをすることで，より詳しく子どもの理解度を見取ることができます。また，制作中に「昆虫の体のつくりってどんなだっけ？」と声かけをすることで，子どもたちの知識を再構成し，質の高いアウトプットを促すことができます。

児童の作成した昆虫の作品

第6章 アウトプット 理科における学びのアウトプットアイデア7

計画段階からこだわることで図工から理科へ！

　自分の感性をもとに試行錯誤しながら行う作品づくりは，図工としての要素が強いでしょう。一方で，理科の見方を生かした意図的な計画を行った上での作品づくりは理科としての要素を多分に含みます。私は「生態から考える昆虫づくり」を大きなテーマとしました。

クラゲチャートで見出す「共通性」

　まずは，クラゲチャートを使って，昆虫である条件を整理しました。新種の「昆虫」づくりですからこの枠から外れた制作はしてはいけないことになります。次に，「新種の」に当たる部分，つまり役割によって異なる昆虫の多様性をYチャートで表現しました。

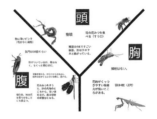

Yチャートで見出す「多様性」

　例えば，「むねには花粉がくっつきやすい粘着力の強い部分がある」というアイデアは，明確な役割によってもたらされた独自のからだのつくりといえるでしょう。このように子どもたちは創造性を働かせながら生態から考える作品を作りました。

応用・プラス❶アイデア

　昆虫ではなく植物をテーマとした作品づくりも面白いと思います。例えば，「風媒花なら花弁はいらない」などの生態を作品に活かすことができます。

アウトプットはテストだけで行われるものではありません。言葉として学んだことを4コマ漫画やアニメーションなどの多様な方法で「活用」という観点からアウトプットすることが大切です。

（山田　将太）

38 プチプレゼンで気軽にアウトプット

 手軽にできる「プチプレゼン」でアウトプットの機会をつくり，プレゼンテーション能力を高めましょう！

プチプレゼンとは

　プレゼンテーション能力を高めるためには，日常で発表の機会を積み重ねることが大切ですが，大勢の前での発表はハードルが高いものです。そんな時には，田中栄太郎氏（2022）考案の「プチプレゼン」がおすすめです。

---

①ペアになり，1対1で短時間のプレゼンを行う。
②プレゼン後，聞き手は感想などを話し手にフィードバックする。
③相手を替えて複数回くり返す。

　準備も必要なく，気軽にできる発表会です。子ども達は，ロイロノートなどを使い，簡単なスライドを作ります。
　発表後には，自分がどのくらい目的に応じたプレゼンができたか，以下のような観点で振り返り，自己評価できると良いでしょう。

S	時間いっぱい発表ができ，自分の考えを聞き手にわかりやすく伝えられた。また，分かりやすくするための工夫もできた。
A	時間いっぱい発表ができ，自分の考えを聞き手に分かりやすく伝えられた。
B	少し時間が余ってしまった。自分の考えを聞き手に伝えられたが，分かりやすくはなかった。
C	時間が半分以上残ってしまった。何を説明しているのか分からなくなってしまった。

第6章 アウトプット 理科における学びのアウトプットアイデア7

どこを食べているでしょう

3年「植物の体とつくり」において，「これはどこを食べているでしょう。」と調べたことを発信する場面（79頁掲載）。子どもたちは自分の調べた植物をクイズ形式にして紹介します。このような発表は，全体でやっても良いでしょう。発表後は振り返りをし，次回の発表で意識することも考えます。始めは少し時間オーバーしても，内容が充実することを優先しましょう。

オリジナルの回路

3年「電気で明かりをつけよう」において，学んだことを利用して回路を作る場面。子どもたちは明かりがつく回路・つかない回路を1つずつ作成します。なぜ明かりがつくのか・つかないのかをプチプレゼンで発表します。
プチプレゼンを繰り返すことで，要点を押さえて伝える練習ができます。

応用・プラス❶アイデア

どの単元でもプチプレゼンは活用することができます。またクラス担任であれば，普段の日直のお話でも意識できるよう声をかけることで，子どもたちが要約して話す力を育てることができます。

誰しもいきなり大きなことはできません。発表が好きな子どもにはさらなる目標を，苦手な子どもにはまずはプチプレゼンから。自分にあった目標を見つけ，調整していく姿勢を育みたいです。

（巽　匡佑）

【参考資料】和田誠ほか（2022）『ロイロノートのICT "超かんたん" スキル：エキサイティングな授業が明日スグできる！』時事通信社

39 GIGA時代の新アウトプット「映像制作」

 子どもが好きなアウトプットNo.1。
おもしろいだけでなく,深まりも生まれます。

「映像制作」というアウトプットの可能性

　1人1台端末時代の今,体験と撮影はセットとなりつつあります。写真や動画の編集も容易にでき,「映像制作」という新しいアウトプットの形が定着したと感じています。「映像制作」をアウトプットとすることで,観察や実験といった一連の活動の質を高めることができます。また,自然とコミュニケーションが生まれ,子ども同士が協働しながら学ぶ姿が見られるアウトプットだと感じています。

おもしろいサイエンスムービーをつくろう！

　6年「水溶液の性質」において,習得した知識・技能を活用した「おもしろいサイエンスムービーを作る」ことをゴールにした授業を行いました。当時,子どもたちは「YouTuber授業」といって,楽しみにしていた授業です。
　単元の前半を習得段階と位置づけ,水溶液の性質に関する基本的事項を学びます。本活動は,単元の後半,活用・探究の学習段階として位置づけた学習です。活動の中心となるのは指示薬を使った水溶液の色の変化の実験です。

第6章 アウトプット 理科における学びのアウトプットアイデア7

子ども達は，指示薬と水溶液の組み合わせで，色の変化を考えます。

過去の先輩たちの作品やYouTubeの科学動画を見ながら，自分が表現したい映像についてのイメージを膨らませました。その過程で，計画書や，コマ割りなどを作っているグループもありました。何色に変化させるかだけでなく，動画では見せ方も大切な要素となります。コップのタワーを作るなど，さまざまな工夫をしていました。

こうしたアウトプット型の授業では，「誰のため」という対象を明らかにすることが大切です。今回は，対象を1年生としました。1年生に科学の楽しさを伝えるために，演技なども交えながら楽しく映像を作る姿が見られました。また，対象を広げて，学校SNSで世界に発信するとすれば，匿名性を高めながらよりインパクトある動画を作ろうとする姿が見られます。

応用・プラス❶アイデア

映像制作で一番イメージが付きやすいのは，「解説動画」でしょう。

単元の学習で出てくる様々な科学現象を説明するような解説動画を作ることをアウトプットにすることで，学びがより主体的になります。

理科において大切なことは「科学的に歩む」ということです。
何のため，誰のための映像なのか。目的をはっきりさせること，そして活動中の教師の声かけが重要になります。

（吉金　佳能）

【参考資料】吉金佳能（2022）『ICTで変わる理科授業　はじめの一歩』明治図書出版

40 オリジナル図鑑をつくろう！

理科ならではの「図鑑」というアウトプットにチャレンジしてみませんか？子どもの主体性と個性が発揮されます。

子どもに身近な「図鑑」

　図鑑は，小学生にはとても身近な存在です。図鑑と言っても，昔からある，写真に解説がついたようなものから，高橋書店の『ざんねんないきもの事典』に代表されるようなイラストでまとめたものまで，多種多様な図鑑が存在しています。子どもたちに聞くと，いろいろな図鑑を持っていると話してくれます。本項では，学びのアウトプットとして，「図鑑」としてまとめる活動を紹介します。

3年「こん虫図鑑の1ページ」

　3年「身の回りの生物」において，「こん虫図鑑の1ページ」という活動を行いました。昆虫を探したり育てたりする活動を通して昆虫の特徴を捉え，生き物の多様性や共通性について考えを深めることがねらいです。1人1ページ，画像のような図鑑を作りました。

　実際に出来上がった作品を見てみ

ると，イラストを描いたり，インターネットで調べた情報を入れたり，クイズが入っているものなど多様なものがありました。実際の図鑑を参考に，載せるべき情報やレイアウトを考えている姿も見られました。

「図鑑」というアウトプットは，子どものオリジナリティを発揮しやすいアウトプットの形であると感じています。また，子どものモチベーションを上げやすいのも特長です。

6年「プランクトン図鑑」

6年「生物と環境」において，「理科室の池のプランクトン図鑑」を作ったこともありました。後輩のために，記録を図鑑として残しておこうという取り組みです。

応用・プラス❶アイデア

植物図鑑や雲の図鑑，大地の図鑑，星の図鑑などと応用することも可能です。私の学校では，3年生で「オリジナルこん虫図鑑をつくろう！」というプロジェクト型の学習を行ったこともあります。学校で見つかる昆虫について，オリジナルの図鑑をつくり，付属の幼稚園生と1年生に届けようというプロジェクトです。

成果物を実際に展示したり，製本して配布したりすることで，子どもの主体性はグッと高まります。また，子どもは，図鑑を見る人のことを意識しながら作成するという点もポイントです。

（吉金　佳能）

【参考資料】吉金佳能（2022）『ICTで変わる理科授業　はじめの一歩』明治図書出版

41 4コマでまとめよう！

 画像や動画を4コマにまとめることで，一目で分かる記録に！要点を抜き出したり，順序を説明したりするにも便利です。

データの整理や活用って難しい

　学習者用デジタル端末の普及で，画像や動画での記録は日常的なものになりました。しかし，画像が膨大な数になったり，動画が長くなったりして，かえって分かりにくくなってしまっている…なんて子どももいるのではないかと思います。私はきっとそんな子どもでした。この本稿で紹介する方法は，そうした際に有効です。

　まず，4コマに仕切ったワークシートを作ります。上部にタイトルを書けるようにし，各コマに番号をふるのがポイントです。このシートに，実験の手順やメモを書き込み，それに応じた写真や動画（なるべく短いもの）をのせていきます。

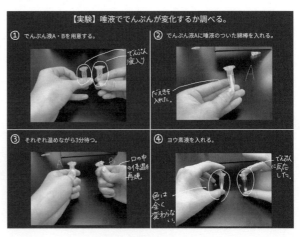

子どもによる4コマ記録

100

第6章 アウトプット 理科における学びのアウトプットアイデア7

実際に使ってみる

　はじめのうちは，実験の前に方法をみんなで確認しながら書き込み，実験中は写真や動画，メモを記録していくと良いです。方法を書くところから自分でできるようになると，実験の手順や要点を自力で把握する力がつきます。実験中の記録だけでなく，順序立てて考えを整理する必要がある際にも，4コマは便利です。特に4年生では，空気でっぽうの玉がとぶ仕組みや，温められた空気の動き方など，さまざまな場面で活用することができます。

応用・プラス❶アイデア

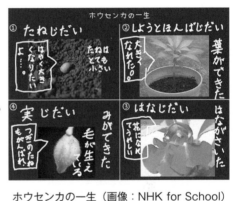

　ホウセンカの一生などをまとめる場合などは，円を描くように番号をふり，1コマ目にもどるようにすると，その循環を捉えやすくなります。

　自分が撮影した画像を入れるのも良いのですが，映像から，スクリーンショットで画像を取り出していくのもおすすめです。4コマしかない

ホウセンカの一生（画像：NHK for School）

分，どのシーンを抜き出すべきなのか考える必要があり，一生を俯瞰的に見直すことができます。

mindset!
　画像や動画，メモなどの記録は整理されてこそ価値を持ちます。使いやすいテンプレートがあれば，記録を整理しながら考えたり，順序立てて説明したりすることができます。

（壁谷　祐亮）

【参考資料】 壁谷祐亮（2023）「4コマでまとめよう！実験を見通しながら，結果と考察を整理する」『理科の教育2023年9月号』東洋館出版社

42 単元のまとめを1枚（OPS）に！

 子どもの実験や観察の記録を活かした単元の1枚まとめ。学習内容のつながりを捉え直す One Page Summary の紹介です！

各授業の記録を1枚にまとめる

　単元ごとの学びのまとめとして，学んだことを1枚にまとめるというアウトプットの方法はいくつかあります。国語や社会であれば壁新聞にまとめるやり方はよく知られていますが，理科で学んだことを1枚にまとめる方法として，「One Page Summary」というやり方を紹介します。

　この取り組みの目的は，「単元の中に焦点化された各時間の学びを1枚に集めることによって，学んだこと同士のつながりを捉え直す」ことです。

　例えば，6年生の植物の単元では，根や茎・葉などの部分の水の通り道を観察してその連続性を捉える学習活動を行いますが，各部分の観察については別々の時間で行われることも多く，その連続性が十分に捉えきれていないこともあります。そこで単元の学習全体を1枚の面でまとめることで，各実験や観察についてよりつながりをもって捉えなおせます。

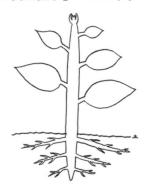

配付したワークシート

　デジタルで配付すれば写真や動画をワークシートに入れながらまとめられるので，紙では難しかった表現も可能です。

第6章 アウトプット 理科における学びのアウトプットアイデア7

実践のポイント

①少しずつ書いていく

単元の最後に今までの学習全てを書いていくのは大変です。授業最後の数分間や，実験や観察が早く終わった際に取り組むのも良いです。

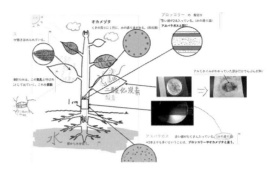

実際の子どもの OPS

②写真や動画は最大限活用する

学んだことの言語化は大切ですが，この取り組みでは今まで撮影した実験や観察の記録も積極的に活用してみましょう。視覚的にも学んだこと同士のつながりを捉えやすくなります。

③子ども達の間で共有を

書いているものの途中を見合うことで，自分だけではなく，他の子ども達の表現を知ることが出来，より柔軟な表現が促進されそうです。

応用・プラス❶アイデア

今回は6年生の植物の体のつくりで例を紹介しましたが，他にも4年生の「骨と筋肉の働き」や5年生の「受粉と結実」などでも行えそうです。

実験や観察の記録を撮影出来る今だからこそ，すきま時間にでも進められるこの取り組み。子ども達の記録をうまく活用し，学習したことを捉え直す活動に役立ててはどうでしょうか。

（田中　翔）

【参考資料】田中翔（2024）「単元のまとめを1枚に 「One Page Summary」」『理科の教育2024年10月号』東洋館出版社

103

COLUMN 6

理科におけるアウトプットは何が最適か？

　ICTの導入で，理科のアウトプットの選択肢が大きく増えました。
　紙orデジタルだけでなく，動画やプログラミングなど，デジタルならではのアウトプットも気軽に選択できるようになりました。本書でも，7つのアウトプットの形を紹介しています。
　しかし，そうは言っても，理科におけるアウトプットは，やっぱりレポートが最適だと思うのです。
　その理由は1つ。レポートは一覧性が高く，「科学的」ということを意識して，活動を進めやすいからです。科学的，つまり「実証性・再現性・客観性」の3つを意識しやすいアウトプットの形がレポートです。
　レポートの良さは，平面的な構造にあります。作り手の子どもが，問題解決の流れを意識しながら，活動を進めることができます。そして，それを評価する側も，内容を見取りやすく，本質的なフィードバックを返しやすいというメリットがあります。子どもは，レポート作成を通して整理・分析する力を養い，学びを言語化することを習慣化することで科学的思考力を高め，自己の成長を実感することができます。
　例えば，動画というアウトプットは，楽しく伝わりやすい反面，立体構造になってしまい，科学的かどうかという視点での評価が難しくなります。
　特に子ども同士だと，見映えや演出などの要素に目が移ってしまい，本質的なフィードバックがしにくいというデメリットがあります。
　目の前の子どもの実態や他教科とのバランスを考慮して，アウトプットの形を選択していくことが重要ですが，もし迷った時には，レポートを選択することをおすすめします。

（吉金　佳能）

第7章 個別最適な学び

学習の個性化を
実現するアイデア7

　令和の日本型学校教育，最大のキーワードが「個別最適な学び」です。個別最適な学びは，「指導の個別化」と「学習の個性化」，2つの軸で表現されますが，理科においては，特に学習の個性化で悩まれる方が多いと思います。どうしても一斉指導の場面，グループでの活動が多くなりがちな理科において，どのようにして子ども1人1人の学びに個性を持たせていくのか。

　本章では，学習の個性化を実現するためのアイデアを紹介します。

43 とりあえず，やってみよう！

 探究の基本は試行錯誤。実験→失敗→予想→実験のサイクルで試行錯誤を生む授業デザインを提案します。

とりあえず，やってみよう！

　3年「電気で明かりをつけよう」の導入場面。始めに豆電球・乾電池・導線付きソケットの名前を押さえます。それから「この3つだけを使って豆電球に明かりをつけましょう。」と発問します。

　実験を始めると豆電球がソケットにしっかりはまっていない，乾電池の極の部分から導線が外れている，極にビニールの部分が付いているなど，明かりがつかないことが出てきます。本来であればここで教師がサポートするのですがそれはせず，とりあえず色々自分で考えて試してみるように促します。

実際の子どもの成果物①

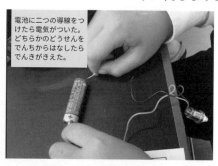

実際の子どもの成果物②

　上手くいかない理由を自分なりに考えながら実験する場面を意図的に提供することで，試行錯誤する力が養われていきます。

第7章 個別最適な学び 学習の個性化を実現するアイデア7

とにかく，やってみよう

　ソケット無しで豆電球に明かりをつけた後，豆電球の構造を学習します。その後に豆電球・乾電池・導線1本だけで明かりをつける課題に挑戦します。ここも試行錯誤の場面。教師からのサポートをグッと堪えましょう。

実際の子どもの成果物③

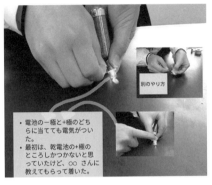
実際の子どもの成果物④

応用・プラス❶アイデア

　4年「電気のはたらき」，5年「ふりこの運動」など，比較的安全な他の実験でも活用できます。

試行錯誤して失敗があるからこそ，成功した実験と比較できます。子どもたちが実験結果での協働学習を行うことが，理科における協働的な学びにつながると思います。

(巽　匡佑)

【参考資料】大前暁政（2020）『なぜクラス中がどんどん理科を好きになるのか』教育出版

44 個別の学びを実現する 100均活用！

 個別の学びの活路は100均にあり！
実験をオーダーメイドで進めてみましょう！

個別最適な学びとは

　これからも学びの中では，子どもそれぞれの興味・関心に応じた異なる目標に向けて学習を深め，広げることが重要です。そのためには，子どもが自らで学びの方向性を決め学習を進める必要があります。理科の学びの中では，実験の方法を子ども自らで考え進めていくという方法が考えられます。

実験を個性化するには

　教師からの指示で実験を行うだけでは，実験の結果を予想する活動も予定調和なものになりやすいです。また，塾などで先行学習をしている子どもたちからすると，すでに答えを知っていてそれを確認するだけの作業になってしまいかねません。理科の実験では危険なものを扱うこともありますし，段取りのことを考えると，教師が実験の手はずをすべて整えてしまいたくなります。

　しかし，実験の方法を考え話し合ったり，準備をしたり，片づけをしたりすることも子どもたちの大きな学びになります。問題に対してどのような実験が有効か，子どもたち自ら考え進める機会をつくることで実験を個性化し，子どもたち自ら学びの方向性を決める機会を確保することができます。

100均を使う意義

100均で実験用具を用意することは３つの利点があります。１点目は安価であること，２点目は手に入りやすいこと，３点目は子どもがどんなものがあるかイメージがつきやすいことです。

右の写真は５年生「物の溶け方」の実験です。「物の溶ける量をふやすためには，どんな方法があるか？」と学習課題を出しました。実験の計画を立てる際，子どもたちには学習課題に対する仮説と，その仮説を検証するために必要な物品があればそれも合わせて考えるように指示します。この班の子どもたちは，「粒を細かくすることでより多くの量が溶けるのではないか？」という仮説をもって，「すり鉢」を用意し実験に取り組みました。

図１　実験の様子

応用・プラス❶アイデア

学習課題があり，その課題に対して仮説を立て，検証する方法を計画するという流れは塾などで先行学習していても容易に行えるものではありません。知識を問う授業よりも，個性化された取り組みにすることができます。

実験とは，自分の仮説を検証するために行う営みです。
実験結果を覚えることよりも，検証のプロセスを体験することに力点を置きましょう。

（小阪　智之）

45 チョコっと ペア・グループワーク

 子どもたちが授業に主体的に取り組んでいるのか不安だな…。そんな時は，授業の時間をチョコっと使って確認しましょう。

学びを個性化するためのペア・グループワーク

　教師から一方通行の講義形式の授業では，子どもたちに能動的に学習を深めていこうという意志がなければ学びの個性化は実現しません。学びを自分事とするために，ペア・グループワークを取り入れてみましょう。ともすれば，話し合い活動を入れることで他人の意見に考えが引っ張られてしまい，自分の興味に沿った考えができなくなるのではないか，とも考えられます。しかし，他の子どもに自分の考えを伝える活動を通して，自分の考えを明らかにする必要性が生まれ，学習を自分事として捉えることができるのです。

チョコっとペア・グループワークのやり方

　「でも，長い時間は取れない…。」そんな時は授業の中で，チョコっと時間をとってペア・グループワークを取り入れてみましょう。
　この活動のポイントは，子どもが学習を自分事にできていないと感じた際に気軽に取り入れることです。そのため，机を動かし班活動の形にしたり，移動して班をつくったりする時間を取らず，「体を横に向けて隣の席の人と向き合いましょう。」「体を後ろに向けて班の人と向き合いましょう。」と指示をだします。
　また，ペア・グループワークを始める際には「○○について話し合う時間

第7章 個別最適な学び 学習の個性化を実現するアイデア7

を2分間取ります。」と時間を宣言し，延長することはしません。

あくまで，子どもたちはクラスメートと考えを共有し自分の意見を確立する時間です。

比べる項目	チョコっと ペア・グループワーク	班の形を作っての ペア・グループワーク
準備にかかる 時間や手間	時間がかからず，突発的に取り入れることが容易である。	机の移動，場所の移動などの時間がかかり，突発的に取り入れることが難しい。
意見や考えの 深まり	他者の意見を聞き，発表する中で，学習を自分事として捉えることができる。	じっくりと他者の意見を聞き，自分の意見を深めることができる。

図1 チョコっとペア・グループワークと
班を作ってのペア・グループワークとの相違点

応用・プラス❶アイデア

　チョコっとペア・グループワークは，学習中に子どもの理解度を見取ることにもつながります。机間指導をする中で，子どもが今どこまで理解しているのかを見取り，それぞれの子どもがつまずいているところがどこかを探ることで，個別的にアドバイスをすることができます。

講義形式の授業がダメというわけでなく，目的意識を持ってペアワーク・グループワークとの使い分けをすることが大切です。
授業の中で，臨機応変に取り入れてください。

（小阪　智之）

46 グループ活動をアップデート

 グループ構成をちょっと見直すだけで,個別最適な学びの場に。グループ活動をアップデートする方法を紹介します。

「お客様」はなぜ生まれるのか

　学びを深めるための話し合い活動や実験など,理科の学習はグループで取り組むことが多いと思います。しかし,このグループ活動。誰かが活動を進めてくれるのを受動的に待ち続ける,いわゆる「お客様」状態の子を生み出してしまいがちです。ではどうして「お客様」が生まれるのでしょうか。

　グループ構成を考えるとき,理科が得意な子,理科が苦手な子をまんべんなく配置することはないでしょうか。目的に沿って活動を円滑に進めるために必要な配慮です。しかし,この配慮によって一部の子どもだけでグループの活動が進み,活動をその子たちに任せてしまう「お客様」が生まれてしまうことがあるのもまた事実です。

第7章 個別最適な学び 学習の個性化を実現するアイデア7

個別最適な学びの場へ

　「お客様」を解消するために，思い切って苦手な子は苦手な子，得意な子は得意な子同士でグループ構成するという方法があります。

　このようなグルーピングを行う場合，到達目標を段階別に提示しておくとより効果的です。例えば予想を立てる場面の場合，「自分なりの予想を立てられる」「予想を発表し合うことができる」「グループとしての予想を立てることができる」のように提示し，できればグループごとに目標選択できるようにしておきます。すると，それぞれの段階に応じて，時間のかけ方を変えることができます。これで，それぞれの段階に応じた学びの場が完成し，グループ活動が個別最適な学びの場へとアップデートされます。

　苦手・得意が判断しにくい場合は単元学習前にレディネチェック（その単元について，どの程度の知識や経験があるのかを確かめるアンケート）を実施し，その結果を基にグループ構成するのがおススメです。また，苦手グループが劣等感を抱かないように，活動前には必ずグループ構成の意図（どの子にも「できた！」を経験して欲しい）を丁寧に説明しておきましょう。

応用・プラス❶アイデア

　「困ったことや質問があれば先生のところに来る。」を習慣化させ，「得意な子は何かあったら先生のところに来る。」状態にしておくと，指導者は苦手グループに寄り添い，手厚く指導することができます。

このグループ構成の最大の目的は，どの子にも「できた！」を経験させてあげることです。毎回ではなく，たまにでいいのでこういったグルーピングで活動してみてください。

（衛藤　巧）

47 問題を見いだす

 学習の個性化には「問題を見いだす力」が必須!!
「問題を見いだす力」の育て方について提案します。

学習の個性化を目指すには

　例えば，学習の個別化を目指し，単元学習の中で子どもたち１人１人が興味や関心を基にテーマ設定し，それぞれの学び方で学習が進められるような環境を設定したとします。この時，必ずと言っていいほど子どもたちが最初につまずくのが，テーマ設定です。

　子どもたちが自らテーマ設定できるようになるためには，子どもたちの「問題を見いだす力」を育ててあげる必要があります。自分が一体どんなことに興味があるのか。自分が一体どんなことに関心を持っているのか。普段の授業の中で教師が少し意識するだけで，子どもたちは興味の持ち方，関心の持ち方を学び，その結果，それが「問題を見いだす力」につながっていきます。

第7章 個別最適な学び　学習の個性化を実現するアイデア7

単元巻頭を活用しよう

　理科の単元巻頭はほとんどの場合，活動や実験から問題を見いだす場面が設定されています。この場面で，自由に疑問に思ったことや，調べてみたいことなど，とにかく気になったことをアウトプットできるようにします。これを繰り返していくだけでも，問題を見いだす力は少しずつ養われていきます。見いだされた問題は全体で共有します。問題を見いだすことがまだまだ苦手な子どもたちは，全体で共有した問題の中から自分が共感できるものを選ぶところから始めると良いでしょう。

　子ども達が見いだした問題を全て解決する必要はありません。授業は単元計画の通りに進めます。そして，単元の最後に「解決した問題」「解決しなかった問題」を整理して，「解決しなかった問題」については，「残念ながら今回は扱えなかったけれど，是非，探究して先生に教えてくださいね！」と前向きな声かけで，この先の子ども達の学びを深める活動につなげて行きましょう。

応用・プラス❶アイデア

　問題を見いだす活動は前提として「単元に関係があるか」という視点が必要です。初めは主題と関係のないものも出てくると思いますが，共有した問題の内，学習内容に関係があるものとそうでないものを教師が整理して提示するようにすると，次第に主題に沿った疑問に絞って見いだせるようになってきます。

見いだしたが解決しなかった問題を無理に解決する必要はありません。「また調べてみて，分かったら教えてね。」と伝え，オープンエンドにして子どもたちの探究心に託してみましょう。

（衛藤　巧）

48 自分で選ぶ，自分で決める

 自分で選ぶ経験の積み重ねが，
1人1人の学びの個性を育てるきっかけに。

話し合う？話し合わない？多様な学習スタイル

　ほぼ毎回の授業に登場する「予想やまとめをノートに書く時間」は，ルールを決めず，子ども達の好きなスタイルで行っています。以前は，最初の数分間は1人で考えてその後に班で意見交換や議論する時間を設けていましたが，今は「1人で黙々と書いてもいいし，近くの友達と話してもいい。自分のやりやすい方法でどうぞ」と伝えています。じっくりと考える場面だからこそ，人によってスタイルが違ってもいいのではと感じたからです。

　まず友達と話す中で自分の考えを絞っていく子，とりあえず頭に浮かんだことをノートに書き留める子，ある程度1人で書いてから隣の子とノートを見せ合い意見交換を始める子，最後まで自分1人で考えて文章をまとめる子，いつもは話し合いが好きなのに今日は黙々と書く子，いつもは1人で考えるのに今日は話し合いの輪に加わる子……多様な学習スタイルがあり，しかもそれは単元や授業によって変化することに気づかされました。

　もちろん，教師が話し合いの場を意図的に設定することにより，他の意見に出会って視点が広がる・自分の意見に自信を持てる・自分の考えを見直し妥当性を高められる，といったメリットはたくさんありますが，時には授業の進め方を子ども達が選ぶ場面があっても良いと思うのです。

第7章 個別最適な学び　学習の個性化を実現するアイデア7

与えられたものではなく自分で選ぶ

　自分でテーマを設定したり学びをデザインしたりするのは，子どもにも教師にも少々ハードルが高いかもしれません。テーマは全員同じでも，調べるものを自分で選ぶことから始めてみるのがおすすめです。

　例えば，6年生「身近な液体の液性を調べよう」というテーマ。リトマス紙を家に持ち帰り，興味のある液体の液性を調べます。食器用洗剤・洗濯用洗剤・調味料・飲み物はもちろん，犬の唾液や妹の涙など……宿題だからこそ自由度が高く時間をかけて実験できます。結果をクラスで共有すると，「食器用洗剤はなぜ酸性・中性・アルカリ性のものがあるの」「牛乳は人によって結果が違ってその理由もわからない」「全体的にアルカリ性のものが少ない」という気づきや疑問が挙がります。各自の疑問について調べたり確かめたりすることで，学びを発展させることができるでしょう。

応用・プラス❶アイデア

　栽培する野菜を調べて決める，観察する樹木を選ぶ，実験で使う植物を自分で採取する……よくある活動ですが，広義では学習の個性化の1つと言えるでしょう。どんなに些細なことでも，与えられたものではなく，自分で選んで決めることで意識や意欲が高まります。その意欲をどのように学習につなげるか，どのような問いを見いだすか。その先が重要です。

自由進度学習，1人1実験，1人1人に応じた……
大掛かりなプロジェクトでなくてもいいのです。
まずは目の前の日々の学習から，できるところから。

（亀山　詩乃）

49 振り返り指導

 子どもたち１人１人が目標を持って授業に臨むための，メタ認知力を育てる「振り返り」について紹介します。

学習の個性化とメタ認知力

　メタ認知力とは，簡単に言うと「自分自身について客観的に捉える力」のことです。学習を個性化していくなかで，自分に合った学び方を自分で選択していくことになるのですが，その際に「自分は○○が得意だから，この学び方にしよう。」のように，自分が得意なことや苦手なことを把握した（メタ認知した）上で，学び方を選択することになります。つまり，学習の個性化とメタ認知力はセットになっているのです。

メタ認知力を向上させる振り返り

　自分自身を客観的に捉えられる力の向上には，授業の最後に「振り返り」を取り入れ，継続していくことが有効です。授業を振り返って，「どんなことを学んだのか」「自分自身にどんな気づきや変化があったのか」を表出できるようにし，「客観的に捉える」ことを習慣化していきます。
　振り返りの指導で大切なことは，次の２点です。
　①　「知識」と「学んだこと」の振り返りを区別すること。
　②　振り返りをフィードバックすること。

第7章 個別最適な学び　学習の個性化を実現するアイデア7

「知識」と「学んだこと」

　「知識」は問題に対してどんな結論を得たのかを指します。こちらは，全員で同じことを学んでいるわけですから，全員同じ内容になるでしょう。一方，「学んだこと」は授業でどんなことを学んだのかを指します。個々で習熟度や課題，受け取り方が異なりますから，内容も異なります。「振り返り」というと前者を書いてしまいがちですが，メタ認知を向上させるためには，「自分自身にどんな気づきや変化があったのか」を表出させることがより重要になります。「自分自身の気づき」は人によって異なります。具体的には「順番決めでもめたせいで実験の時間が短くなって間に合わなかった。次は時間をかけないようにジャンケンで決めたい。」などがそうです。「知識」だけでなく，その時間にその子が学んだことを幅広く表出できるように，「学んだこと」についても振り返るようにしましょう。（※学習内容によっては，「知識」「学んだこと」が同じになる場合もあります。）

応用・プラス❶アイデア

　教師が「この気づき・変化は素晴らしいな（よい振り返りだな）」と感じたものは積極的に全体に共有し，フィードバックすると，振り返りのモチベーションが向上します。また，振り返りが苦手な子が「振り返りの視点」を持つことにもつながりますので，是非，実践してみてください。

ハンコを使った3段階評価

振り返りは継続することが大事です。最初は書けない子も，継続していくと書けるようになってきます。評価が教師側の負担にならないよう，忙しいときはハンコだけでも大丈夫です。

（衛藤　巧）

ギフテッド教育を考える

　「個別最適な学び」について考えるとき，子ども達を個々に見取り，それぞれにどのような学びのニーズがあるのかを検討することになると思います。そんな場面で，是非，頭の片隅に置いておいてもらいたいことがあります。それは「ギフテッド教育」の視点です。

　ギフテッドの定義について，ここでは「発達検査（WISC）で測定されるIQ130以上の『特別な能力のある人』」「成績が伸び悩み『努力の人』である優秀な子ども」「特別な教育的ニーズのある子ども」に限定せず，広く「先行学習をしている子ども」や「特定の教科に秀でている子ども」も含めるものとします。

　皆さんの学級に，普段の一斉授業に上手く参加できない子どもたちはいませんか？そんな子ども達の中にはもしかするとギフテッド支援を必要な子どもがいるかもしれません。ギフテッドの子ども達は独自の学習方法やより高度な課題を欲するニーズがあると考えられており，従来の一斉授業ではその能力を十分に発揮できず成績不振や社会的・情緒的・行動的問題を引き起こす可能性があると考えられています。

　ギフテッドの定義に当てはまる，当てはまらないに関わらず，**どの教室にもギフテッド支援を必要としている子どもはいます**。「より多くの子どもが安心して学びにむかう」ための支援の一つと捉えて，皆さんもギフテッド教育について学んでみてください。

（衛藤　巧）

【参考資料】是永かな子（2023）「北欧におけるギフテッド教育の現状」『LD研究』Vol.32 No.4, pp.251-258（https://doi.org/10.32198/jald.32.4_251）

第8章 探究

探究的な学びを
つくるアイデア7

　市川力氏は，探究を「見えないなりゆきを追いかける学び」と表現しています。探究は，明確なゴールのない学びであり，プロセスを重視した学びです。

　探究のプロセスは，課題の設定，情報の収集，整理・分析，まとめ・表現の4段階で表現されます。

　答えのある理科において，どうすれば，子どもが探究のプロセスを力強く回すことができるのでしょうか。

　本章では，探究的な学びをつくるポイントと具体的な事例を紹介します。

50 探究学習入門編

 探究学習を難しく考えていませんか!? 普段の授業を変えず，探究学習を取り入れる方法について紹介します。

探究学習に向かう準備

　探究学習を行う上で最も大きなハードルは，子どもたち自身がテーマ設定をするところにあります。では，どのようにすれば子どもたちがテーマ設定できるようになるのでしょうか。

　普段の授業の時から，子どもたちに常に疑問を持たせるように仕向けておくことです。そのためのポイントは次の通りです。

① わからないことをわからないと言える雰囲気をつくること。
② 子どもたちが自分の疑問をアウトプットする機会をつくること。

　子どもは，わからないことはいけないことと思い，疑問を持つこともそれと同様と考えている場合があります。その様な状況では，疑問が湧いてきません。ですので，まずは全体に「先生もわからないこといっぱいあるよ！」と声をかけたり，子どもからわからないことへの質問や疑問が出たときに，それを評価するなどしたりして①を目指します。②は特別な機会を設ける必要はなく，疑問が湧いたときにノートにメモしておくようにするだけで十分です。それをたまに評価してあげると尚のこと良し。これで準備完了です。

第8章 探究 探究的な学びをつくるアイデア7

疑問をテーマに

　普段どおり単元学習を行い，まとめの場面で探究学習を行います。このとき，ノートを振り返って，メモした疑問を探究のテーマにすると良いでしょう。もちろん単元学習の中でよくわからなかったところがあれば，それをテーマにしてもかまいません。

　右のようなワークシートと手順書を用意し，手順に沿って進めていきます。単元末に探究の時間（2時間）を設定する想定です。

　この探究の目的は自らテーマ設定し，自分なりに追及し，新たな疑問を生み出すという探究のスパイラル

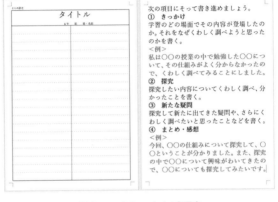

探究ワークシートと手順書

を経験することなので，内容が必ずしも正解でなくてもかまいません。

応用・プラス❶アイデア

　グループで探究する場合は個人の疑問をテーマにするのではなく，単元で学んだことが日常生活のどんな場面に活かされているのかを全体で調べ，その中からテーマを選ぶと良いです。グループは同じ内容（仕組みや関連性）に興味や疑問を持った者同士で組むと良いでしょう。

　探究1回目はテーマ設定が上手くいかないことが多いです。子どもたちは2回目の探究に向け授業中に疑問を探そうとし始めますので，探究は複数回挑戦してみてくださいね。

（衛藤　巧）

51 出口の問いの つくり方

 探究学習の難所「問いづくり」。この難所を乗り越える，出口での問いのつくり方を紹介します。

探究学習の意義

　近年の流行として，探究学習の名前をよく聞きます。教師から子どもへの一方通行の授業形式からの転換が望まれているのはなぜなのでしょうか。
　その理由は大きく分けて２つあると考えられます。
　１つ目は，教師は教える側・子どもは教わる側という形を取ることで，子どもが答えのない問いに挑む姿勢を損なってしまうということです。
　２つ目は，子どもが挑戦し失敗する経験ができないということです。この２つの問題を解消するために，今，探究的な学びが求められているのです。

単元の最後で問いをつくる意義

　問いをつくる活動は，初めにするイメージがあります。例えば，論文でも問いから始まっていることが多いです。しかし，単元の初めに問いをつくる活動では，生活体験が多い子どもと少ない子どもに差が出たり，単元の知識と結びついた問いをつくることが難しかったりといった課題があります。

出口の問いのつくり方

　単元の初めだけでなく，終わりにも問いをつくる活動を設けてみましょう。

第8章 探究 探究的な学びをつくるアイデア7

　実験を終えた後の考察の活動で，実験の結果をまとめるだけでなく，そこからさらに不思議に思ったことを書く時間を取ります。
　そうすることで，授業で得た知識や体験を取り入れた上での問いをつくることができるのです。
　考察を書く際には，どんな問いを書くか示すことが重要です。「知識だけで書けるものでも，体験だけで書けるものでもなく，その両方を結び付けて考えることが大切だよ。」と価値付けをすることで方向性が示せます。

　右のノートは，5年「流れる水のはたらき」の考察です。校庭に様々な地形を作り，川を作った体験を通じて新たな問いを生み出しています。

子どもの考察例

応用・プラス❶アイデア

　単元の最後に問いが出た場合に，子どもたちの中ではさらに調べたいという気持ちができてきます。その場合，時間にゆとりがあれば「追実験」という形で実験をする時間を取ります。そうすることで，自分の抱いた問いに挑む楽しさや問いを検証することの楽しさや難しさを感じることができます。

問いづくりの活動は，一つの単元につき1回しかしてはいけないというものではありません。単元のはじめと最後に組み込むことで，子どもたちの問いの変容を見取ることもできます。

(小阪　智之)

【参考資料】探究学習研究会（2024）『「探究学習」とはいうけれど』晃洋書房

125

52 エネルギー領域を同じ教材で学ぶ

 エネルギーを考えることは，地球の未来を考えることです。同じ教材を4年間使用し，エネルギー領域を学んでいきます。

車を使用してエネルギー領域を連続的に学ぶ

「ゴムや風の力」「電池の働き」「電磁石の性質」などが含まれるエネルギー領域。私の学校ではこれからの単元を「車」という1つの教材を使い授業をします。理由としては子どもにとって身近な乗り物である「車」という教材で学ぶことで，社会的課題への対応や教育的課題への対応という面からも注目が集まっているエネルギーについて，興味を持ちながら学習を進めていくことができるようになると考えたためです。

私の学校で購入しているものは，ウチダ「電池で動く車セット」です。

4年生の教材ですが，モーターなどの部品は抜いて3年生から利用します。単元が終わる度に回収し，新しい単元で再び配布をするのです。もちろん単元の度に車を動かすエネルギーが異なります。

3年生　風とゴムの力

風の単元では，車のセットのうちの本体のプレートとタイヤのみを配布し，風で車を動かすにはどのようにしたらいいのかを探究します。

3年生　活動の様子

4年生　電池のはたらき

　3年生に配布したものに追加して電池ボックス，モーター，動線を渡します。一度風やゴムの力で，車を動かしたことがある子どもたちは，再び車のセットを渡すだけで，次はどうしたら車が動くのかを考え始めます。つまり「どのようにしたらモーターを動かすことができるのか？」という問いが子どもから生まれ探究が始めるのです。

5年生　電磁石の性質

　4年生のとき，車を動かすために使用したモーターは電磁石の性質を利用したものです。「車をもっと速く動かしたい」（もっと速くモーターを動かしたい）という子どもの意見から，電磁石の仕組みや電磁石の力を強くする方法などについて学びます。

4年生　活動の様子

5年生　活動の様子

6年生子どもが作り出したハイブリッドカー

応用・プラス❶アイデア

　エネルギー領域のまとめとして，私の学校では，6年生「電気の利用」の単元でハイブリッドカー作りに挑戦しています。今までに学習したエネルギーを組み合わせ，自分が必要だと思う車を創り出すのです。

同じ教材（車）を使って異なる単元を学習することで，エネルギー領域の理解を深めると同時に，単元の連続性やつながりを子ども達自身に感じてもらうことができます。

（林　聖也）

53 探究的な学びのサイクルを回す方法

 探究的な学びのサイクルが上手く回らないとき，学びのプロセスを変えるだけでサイクルが回り出すことがあります。

探究的な学びのサイクルを回すために，学びのプロセスを変える

探究のプロセスは，課題の設定，情報の収集，整理・分析，まとめ・表現の4段階で表現されますが，授業をしているとこのサイクルが回らない状況に遭遇することがあります。そうなる理由として，以下のような原因が考えられます。

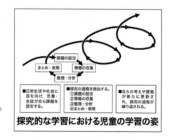

現行学習指導要領解説より

① 課題設定が教師中心に行われている
② 個人の問いがクラスみんなの問いになっていない
③ 予想するための土台が子どもたちに整っていない

他にも色々と原因はありそうですが，中でも①に挙げた，課題の設定が子どもではなく教師中心に行われるということが原因となることが多いです。
では，どのようにすれば子ども中心に課題設定が行われるのでしょうか。発言しやすいクラス作り，子どもから問いを引き出す教材開発など解決のための手立てとして様々な方法があるため答えは1つではありません。ここでは探究的な学びのサイクルを回すアプローチの1つとして，学ぶプロセスを変える（授業を進める順番を変える）という方法を紹介します。

第8章 探究 探究的な学びをつくるアイデア7

5年生「流れる水のはたらきと大地の変化」での実践例

　この単元では，流れる水の働きを学んだ後に，それによって引き起こされる水害を防ぐための仕組み，つまり防災について学びます。しかし「流れる水にはどのような働きがあり，量や速度によって違いがあるのだろうか？」という問いを，必要感を感じながら，子どもの言葉で引き出すことが難しい場合も少なくありません。そこで学ぶプロセスを変えてみます。この単元では，先に防災について学び，防災の仕組みから，流れる水の働きについての問いをつくるのです。具体的には水害の映像資料を提示し，その対策として作られた防災の仕組みを紹介します。すると，「こういう防災の仕組みがあるということは，流れる水にはこんな力があるのではないか？」と逆説的に考え，子ども達は防災の仕組みを科学的な視点で見始めます。すると自ら課題の設定を行えるので，探究のサイクルが回り始めるのです。

実験の様子
防災を根拠に予想をしたため
実験もさらに盛り上がります

応用・プラス❶アイデア

　防災は社会科でも学習をします。教科連携をし，防災という一つの仕組みを異なる教科で扱うことで，社会科的な見方・考え方，理科的な見方・考え方の違いを子どもたちが意識しながら，学んでいくことができます。

> 教科書通りに進めることを意識しすぎると教師主導になり，知らず知らずのうちに子どもの主体性を消してしまうことがあります。子どもの実態に合わせ，順番は柔軟に変えてみましょう。

（林　聖也）

【参考資料】 文部科学省（2021）『今，求められる力を高める総合的な学習の時間の展開（小学校編）』

54 サイエンスショープロジェクト

 子どもたちが他者のためにイチから自分たちで挑戦する企画！
この活動で何が得られる？教師の重要な役割とは？

『できること』を応用して，『誰かと共有できる楽しみ』を生み出す

　サイエンスショーとは，子どもたちがグループに分かれて理科の楽しさを伝える催しを，子どもたち自らで企画・準備・運営を行う活動です。

　当日は，リニアモーターカー，バスボムづくり，水に入れると消える絵，などグループごとに様々な催しが出展されます。

　おすすめの組み合わせは，多くの知識や技能を身につけた高学年クラスが，これから理科を学び始める低学年クラスをお客さんとして招くもの。ただ自分たちが楽しいだけではなく，どうしたら楽しさを伝えられるかを考える必要があるため，グループ内の役割分担，お客さんが無理なく出来る作業の検討，成功率を高める工夫など，様々なことに考えを巡らせる活動となります。

　当日は，お客さんとして招かれた低学年の児童たちは，みんな大喜びです。この経験から低学年児童は，理科への興味や憧れをより強く持つことができます。一方で，喜んでもらえた経験が高学年児童たちの自己有用感を高めます。これは，教師の指示によるものでない，各グループの能動的な探究活動があればこそのものです。

当日の様子

第8章 探究 探究的な学びをつくるアイデア7

自分たちで全部やるから，力がつく

　準備の時間，教師は，基本的には何も指示しません。子どもたちだけですべて考えるからこそ，子どもたちは様々なことをいつも以上に真剣に考えます。また，たくさんの失敗を積み重ねながら工夫をして催しを洗練してきます。グループ内でも，自分がすべきことを考えつつ互いにフォローし合うことで，絆を育むことにも繋がります。子どもが自分たちの力で全部やる経験は，普段の授業から得られるものとは違った成長を彼らにもたらすのです。

応用・プラス❶アイデア

　教師は，準備の時間に各グループを見回りに行きます。これは安全管理の目的もありますが，それ以上に『把握する』目的があります。活動のなかで児童が何を考え，どんな見通しを立てているのかを会話の中から理解することが重要です。話しながらこっそり舵取りをすることにも役立ちますし，本番の様々な想定をするのにも活用できます。見回りに加えて，ロイロノートで準備各回の進捗や今

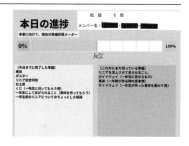

「本日の進捗」カード
（ロイロノートで作成。
左は完了，右は今後の計画。）

後の見通しを提出させるのも有効です。教師がいかに縁の下の力持ちとして子どもたちを支えられるか，それが活動全体の充実に繋がります。

　実施学年や，材料・内容をどう限定するかによって，活動の規模等を様々にデザインできます。どのような授業デザインであっても，子どもに任せて，こっそり支えるのが大切です。

（山﨑　剛士）

131

55 教科横断でBIGなプロジェクトを創る！

理科・算数・国語で身に着けた力を活かす，教科横断型のプロジェクトの創り方を紹介します。

教科の枠を超える

各教科の学習で身につけた力は，基本的にそれぞれの教科内で発揮するもので，教科外の場面で活用する機会がほとんど無いというのが現状だと思います。このままでは，せっかく身につけた力も一般化されていきません。ですので，各教科で身につけた力を活用する機会を設ける必要があります。その一例として，教科横断でプロジェクトに取り組むことが考えられます。

身近な問題を取り上げる

プロジェクトを創るためには，まずどんな問題の解決を目指すのかという，「問題を見いだす」作業が重要になってきます。ここでのポイントは子どもたちにとって「自分事の問題」であることです。「自分事の問題」であると，活動のモチベーションが保たれやすくなります。

例えば，学級活動などを行い，クラスの中の困りごとなどを出し合い，より共感を得た困りごとを問題として取り上げると良いでしょう。私の学校では「給食の残食が多い」ことを問題として取り上げ，どうすればそれが解消するのかを探究のテーマにしました。このように，子どもが「解決したい！」と思う問題をテーマにすることがポイントです。

プロジェクトの進め方

　プロジェクトは，「問題を見いだす→解決策を考える→発表する」という流れで進めていきます。

　プロジェクトを進めるにあたっては，今回のプロジェクトで活用してほしい力の一覧を準備しておきます。例えば，プロジェクト全体を通して国語で身につけた「話し合いの進め方」を活用する。問題の原因等についてアンケートを実施し，その結果を算数で身につけた「グラフ表現」を活用して分かりやすく表現する。解決策を考える際，理科で身につけた「根拠のある予想を立てる（関係付け）」を活用する。以上のように，各教科担当者と打ち合わせながらプロジェクトで活用してほしい力を具体的に示します。この時，各教科の達成目標を到達段階に応じて示す（ルーブリック評価）と，目標が見える化して，子どもも教師も目標を上手く共有することができます。

応用・プラス❶アイデア

　プロジェクトの流れを「問題を見いだす→解決策を考える→考えた策を実践する→効果を検証する→振り返る・まとめる→発表する」の様に，実践を入れると，子どものモチベーションもより高くなりますし，身につけた力をより実践的に活用することができるので，知識以外の身につけた力が活かされるという実感を持つ機会になります。

　振り返った後，更に問題を見いだして新たなプロジェクトに進んでいくと，これはもう本格的な探究学習になります。

プロジェクトが成功するかどうかは重要なことではありません。あくまでも身につけた力を活かして探究できているかどうかが大切ですので，その過程を評価するようにしてくださいね。

（衛藤　巧）

56 理科 × well-being

「私たちの学びが，世界をより良くすることにつながる」という視点を理科の授業づくりに取り入れてみましょう。

「well-being」という考え方

　OECD は Learning Compass 2030 の中で，教育の目的を社会及び個人の well-being を実現することと提唱しています。well-being とは，より良い状態であることを指します。言い換えれば，「個人がより良く生き，社会をより良くしていく」ということでしょう。社会科や総合で扱われそうな言葉ですが，理科でも子ども達が「自分達が学んだこと（科学）で世界を well-being な方向に進めていけそうだ」という感覚を持つことを願っています。

探究と well-being の相性

　探究のプロセスは，「課題の設定」「情報の収集」「整理・分析」「まとめ・表現」の4段階あり，それらがスパイラル的に回っていくことが大事だとされています。子ども達がそのプロセスを回す原動力には，「好奇心」や「楽しさ」だけでなく，「世界をより良くしたい」という想いがあります。

　目の前の題材について「より良くしたい！」という想いをもとに，課題を見いだし，調べ・試し，考えをまとめ，また次のチャレンジへとつながっていきます。そういった意味で，well-being の考え方と探究の相性は良いと感じています。

第8章 探究 探究的な学びをつくるアイデア7

生き物で well-being を考える

　子どもが well-being の視点を持って，自分事として関わりやすい題材は「生き物の飼育」です。目の前の生き物を飼うのに「この生き物にとってより良い環境を作ってあげたい」という想いは行動につなげやすいですし，実際に飼育する事でその営みが継続的に行われていくからです。

【5年メダカの誕生の実践例】
①メダカ，どうやって飼うの⁉
⇒飼い方は教員が示さず，子ども達で調べます。雑に調べる子は不思議なくらいほぼいません。
②実際に飼ってみた！
⇒自分達で決めた飼い方で飼います。
③これでいいのかな？

子ども達が調べた情報（一部）

⇒メダカの様子から，飼い方がこれで良いのか振り返りを行います。
※どんなに整えてもうまくいかない個体の場合は大人がフォローしましょう。

応用・プラス❶アイデア

　生き物以外であれば，5年「流れる水の働き」で実際の川を模して水害を防ぐような設備（堤防や河川敷）を考える活動を行うのも良いでしょう。社会科など他教科とのタイアップもより well-being に繋がりやすいでしょう。

自分達が学んだことをもとに，対象に対して試行錯誤しながらより良くしようとアプローチしていくことで，子ども達の中に「well being」の感覚を育むことが期待できます。

（田中　翔）

【参考資料】OECD（2019）『OECD Learning Compass 2030』

COLUMN 8

紙とデジタルの使い分け

「紙とデジタルの使い分けどうしていますか？」

これは，ここ数年，何度も聞かれた質問です。

しかし，短い時間でそう簡単に説明できるものでもなく，時間のない時は，「難しいですよね，私はノートをベースにしています。」と答えることが多い。

しかし，私の中では，明確に線引きができつつあります。

2022年に明治図書より出版した『ICTで変わる理科授業』の中で，「ノートは紙かデジタルか」というテーマで11頁にわたって論述しました。

3年が経過し，考えもアップデートされているので，改めて整理してみます。結論から言えば，3年前に書いた「子どもが状況に応じて何を使うのかを選択できるようにすること，またそうした力を身につけさせること」が目指す姿であることは変わりません。

しかし，それが思ったよりもずっと高い目標であることもよくわかってきました。安易にデジタルに流れる姿もたくさん見てきました。

コロナ禍を経て，子どもたちの体験の格差がより広がっていることを感じています。その間に，生成AIの登場もありました。知識の格差は縮まっていきますが，体験の格差は広がっていく一方だと想像しています。

それを埋めるのが学校教育の役割です。理科教育も大きな転換期を迎えていると感じています。**改革のキーワードは「ICT」でも「探究」でもありません。「五感を使った学び」**であると確信しています。

五感をフル活用した体験をベースにした学びをつくっていくこと，それが最も重要なことです。子どもは，もともと探究が好きで得意です。豊かな体験があれば，そこから自然と学ぶ存在です。

ICTについては,実体験を最大化し,豊かにするためのツールとして活用していくことがますます重要となります。
　さて,使い分けという視点で端的に整理すると,以下のようになります。

> インプットはアナログ,アウトプットはデジタル。
> 学習を点と線で捉えた時,点はアナログ,線はデジタル。

　インプットというのは,授業中のメモや板書についてのことを指しています。また,アウトプットと一言でいっても,予想や考察からレポートまで様々なものがあります。予想や考察といった小さなアウトプットについては,ノートに書くこともあれば,全体で練り上げていきたい時などは,デジタルで共有することもあります。ケースバイケースです。
　「点と線」を観察に当てはめてみると,短期的な観察記録はノートにスケッチ,長期的な記録はタブレットに写真で記録するというイメージです。同様に,毎時間の振り返りはノート,単元の振り返りはデジタルとしています。
　ここにもう1つ付け加えるとすれば,「授業はアナログ,授業外はデジタルをベースにする」です。デジタルが入ったことで大きく変わったのは,授業と授業外の学びの接続です。授業の学びを授業外の学びへ,授業外の学びを授業へとつなげることがよりやりやすくなりました。
　キーワードは「体験の共有」です。ICT活用を,これまでの「情報の共有」から「体験の共有」へとシフトすることで,授業デザインが変わり,子どもの学びを変えることができます。

それでもノートを使う理由

　私の授業では,まずノートを開きます。前回のノート,振り返りを見ている子の姿が多くあります。これを端末でやるとどうなるか。ノートを開く,前回のノートを確認する,たったこれだけのことに時間がかかる子が出てきます。理由は様々ですが,必ずと言って良いほど差が生まれます。

その差がその後の体験の差につながると感じるようになりました。

もちろん，デジタルの方がより多くの情報を扱えます。実験中に撮影した写真，インターネットの情報なども活用しながらノートを作る。そうした経験や学びも重要なものとなります。

一方で，その時の子どもの様子を見ていると，ノートを編集してはいるものの，頭を働かせていない子もいるということがわかってきました。

科学概念の形成のためには，体験と思考の言語化の積み重ねが重要です。体験を基に，考えをつくるのです。考えをつくる時には，書くことが必要です。書くことは考えること，書く中で思考を整理していきます。

ノートを使って，とりあえず書く，ということを習慣化することは，美しいノートを作る以上に大切なことだと考えています。

もう一つの大きな理由は「五感」です。手書きノートの方が，より多くの感覚器官を使います。2つ以上の感覚器官を使って情報に触れると，より長期記憶にしやすいことがわかっています。

話を聞きながら，手を動かしてノートを書く。観察しながら，手を動かしてノートに書く。紙ですることで，「話を聞きながら」「観察しながら」の部分に時間をかけることができます。デジタルですると，観察対象よりもデジタルを見ている時間が長くなる傾向にあることもわかってきました。

理科の授業の真ん中は「実体験」です。教師は，子どもと体験をつなげるという意識を持つことが重要です。デジタル化で実体験が豊かになるであれば，積極的に活用していくべきです。

しかし，もし，子どもの姿を見ていて違和感があるのならば，一度立ち止まって考えるということも必要なフェーズに入ってきていると思います。

実体験の時間が減っていないか？

子どもの学びは深まっているのか？

紙 or デジタルの問題だけではありません。理科という教科の本質をもとに，自身の授業を省察していくことが大切であり，そのプロセスに大きな価値があります。本コラムがそのきっかけとなれば幸いです。　　　（吉金　佳能）

おわりに

　この度は本書をお手に取っていただき，誠にありがとうございました。
　本書は，執筆・編集に関わった私立小学校理科教員が「理科の授業をもっとおもしろくしたい！」という思いで実践を重ねてきた，その結晶です。
　それが，皆様のお手元に届き，日々の授業のお役に少しでも立てるのであれば，我々としてはこれほど喜ばしいことはございません。
　また，本編には授業実践はもちろんですが，授業デザインや環境デザインの考え方についても複数示させていただきました。授業をおもしろくするには教材も大事ですが，それ以上に授業の進め方や環境をちょっと工夫してみることが大切です。今回は，その「ちょっとの工夫」を提案，紹介させていただいておりますので，そちらも是非，ご参考になさってください。
　我々もまだまだ「おもしろい理科の授業をつくる」ために試行錯誤の真っただ中にいます。これまでもそうでしたし，今もそうですが，考えに考えた教材や手法を用いた授業が上手くいくことばかりではありません。
　上手くいかなかったとしても，落ち込まずに前を向いて，是非，何度もチャレンジしてみてください。様々な実践を紹介しておいて，最後にこんなことを言うのは何ですが，そうやって楽しみながら何度もチャレンジしている教師の姿こそが，「おもしろい理科の授業をつくる」最も重要な要素だと思います。
　末筆ではございますが，皆様のこれからの益々のご活躍と理科教育の発展をお祈り申し上げます。

2025年2月　衛藤　巧

[執筆者紹介]

安藤　諭（あんどう さとし）
　1993年東京都生まれ。学習院初等科教諭。
　博物館，動物園，水族館等の施設が大好き。科学に対して理解のある人材が少しでも増えていくことを願っている。

壁谷　祐亮（かべや ゆうすけ）
　1990年神奈川県生まれ愛知県育ち。白百合学園小学校教諭。
　理振で買えそうな面白い器具を探すのが趣味。「先生がちゃんとしていなくても，子どもがちゃんとしていればヨシ」がモットー。

亀山　詩乃（かめやま しの）
　1987年神奈川県生まれ。立教女学院小学校教諭。
　専門は生物学。子どもたちのキラキラした笑顔を求め，「本物に触れる」「美しさ」を大切にしたおもしろい授業を目指す。

小阪　智之（こさか ともゆき）
　1996年兵庫県生まれ。城星学園小学校教諭。
　毎日苦悩の連続の，どこにでもいる普通の教師B。周りにいるスーパーティーチャーに劣等感を抱きながら日々奮闘中。

髙﨑　裕太（たかさき ゆうた）
　1990年大阪府生まれ。追手門学院小学校教諭。
　趣味は登山。学生時代はインドなどでボランティアを経験。現在は学級担任をしながら理科を担当。国際交流行事にも尽力している。

武部 文香（たけべ あやか）
1997年大阪府生まれ。神戸海星女子学院小学校教諭。
趣味は火山巡りで，週末は色々なところに出かけて授業に使えそうなネタを探している。

巽　匡佑（たつみ こうすけ）
1997年大阪府生まれ。雲雀丘学園小学校教諭。
子どもたちはひな壇芸人。机間指導を心がけ，子どもの気づきから授業を繋げて展開できるMCを目指している。

林　聖也（はやし せいや）
1995年千葉県生まれ。成城学園初等学校教諭。
理科×学級経営を日々探究。受賞歴　第68回読売教育賞「優秀賞」，日産財団第12回理科教育賞「大賞」。

麥島　雄太（むぎしま ゆうた）
1992年東京都生まれ。学習院初等科教諭。
「科学の本質は実物にあり！」「子ども達の興味関心を刺激する，少しだけ先の学びも取り入れる！」がモットー。

山﨑　剛士（やまざき たけし）
1990年東京都生まれ。宝仙学園小学校教諭。
子どもたちの"ノリ"を引き出す授業のしかけを考えています。「この世のすべては理科に通ずる」がモットー。理科教師だが，虫は苦手。

山田　将太（やまだ しょうた）
1995年栃木県生まれ。洗足学園小学校教諭。
Adobeを使いこなす元デザイナー。理科の本質を捉えたクリエイティブな授業づくりに力を入れている。